내가 하고 싶은 일, 유튜버

The Vlogger's Handbook, written by Shane Birley, illustrated by Audrey Malo

Copyright © 2019 Quarto Publishing plc
First published in 2019 by QED Publishing, an imprint of The Quarto Group.

Korean translation copyright © 2020 Human Kids Publishing Company
This Korean edition is published by arrangement with The Quarto Group through Greenbook Literary Agency.

이 책의 한국어판 저작권과 판권은 그린북저작권에이전시영미권을 통한 저작권자와의 독점 계약으로 휴먼어린이에 있습니다. 저작권법에 의해 한국 내에서 보호를 받는 저작물이므로 무단 전재와 무단 복제, 전송, 배포 등을 금합니다.

내가 하고 싶은 일, 유튜버

셰인 벌리 글 | 오드리 말로 그림 | 심연희 옮김

차례

1 유튜버의 세계로!
유튜버 되는 법 ◦ 8
사람들은 '왜' 유튜브를 할까? ◦ 10
너는 '왜' 유튜버가 되고 싶어? ◦ 11
유튜버 유형 ◦ 12
일단 시도하기 ◦ 15

2 생각하고, 쓰고, 개발하기
아이디어 떠올리기 ◦ 16
아이디어 발전시키기 ◦ 18
나의 첫 유튜브 영상 계획하기 ◦ 20

3 어디까지 공유해도 되는 걸까?
온라인 보안 ◦ 22
꼭 지켜야 할 비밀은 무엇일까? ◦ 24
닉네임 사용하기 ◦ 26
비밀번호 보호하기 ◦ 28

4 영상 촬영에 필요한 도구들
촬영 장비 ◦ 32
접근성 ◦ 34

5 나만의 영상 촬영
너만의 이야기를 시작해 봐 ◦ 36
시각적 스토리텔링 ◦ 38
카메라 위치 ◦ 40
촬영 장소와 세트장 ◦ 42
실시간 라이브 방송하기 ◦ 44

6 내게 딱 맞는 조명

빛, 빛, 조명이 중요해! ○ 46
자연광 ○ 48
인공조명 ○ 50
조명 설치하기 ○ 52
색의 마법 ○ 54

7 어떤 소리가 들릴까?

자, 오디오다! ○ 56
녹음 준비하기 ○ 57
마이크의 종류 ○ 58
오디오 믹싱 ○ 60

8 자르고 붙이고

촬영 후 편집 ○ 64
영상 편집 소프트웨어 ○ 66
영상 편집의 기초 ○ 68
타임라인 이용법 ○ 70
컷 선택하기 ○ 72
오디오 추가하는 법 ○ 74

9 온라인 세상으로

영상을 올릴 플랫폼 ◦ 76
SNS 사용의 기초 ◦ 78
어떤 SNS를 사용할까? ◦ 80
안녕, 해시태그! ◦ 82
나의 구독자 관리하기 ◦ 84
일정 관리의 중요성 ◦ 86
구독자 수 늘리기 ◦ 88

10 마지막으로

준비 끝! ◦ 92

유용한 링크 ◦ 94
유튜버들을 만나 보자! ◦ 97
용어 사전 ◦ 98

유튜버 되는 법

유튜버의

안녕! 혹시 유튜브에 올릴 영상 만드는 방법을 찾고 있니? 그렇다면 안심해! 딱 맞는 책을 골랐으니까. 그런데 뭘 어떻게 시작해야 할지 모르는 초보자라고? 아니면 벌써 영상 한두 개는 만들어 본 적 있는 경험자니? 어느 쪽이든, 이 책을 읽으면 지금 너에게 필요한 게 뭔지 알 수 있어. 그리고 무궁무진한 네 잠재력을 유튜브에서 펼칠 수 있게 될 거야. 혹시 알아? 너도 유튜브 스타가 될 수 있을지!

브이로그란 뭘까?

자신의 생활을 촬영한 영상 콘텐츠를 '브이로그'라고 부르기도 해. 이 브이로그를 '유튜브'라는 동영상 사이트에 올리는 사람이 바로 '유튜버'가 되는 거지. 브이로그(vlog)는 비디오(video) 형식으로 만든 블로그(blog)야. 잠깐, 블로그는 또 뭐냐고? 간단히 말해서, 블로그는 온라인에 쓰는 개인 일기장이라고 생각하면 돼. '웹(web)'과 '로그(log)'라는 말을 합쳐서 '블로그'라는 말을 만들게 된 거지.

세계로!

유튜버가 되는 건 아주 쉬워. 일단 비디오카메라를 설치한 다음, 카메라를 바라보면서 이야기를 들려주고 그걸 녹화하면 돼. 대체 무슨 이야기를 하냐고? 네가 경험한 것이나, 머릿속에 떠오르는 생각 아무거나 말해도 좋아. 아니면 이제껏 배운 것들을 시청자에게 알려 줘도 괜찮아. 재미있는 게임이나 앞으로 할 일, 아니면 너의 반려동물에 대해서 말할 수도 있어.

유튜브 영상도 예술의 한 형식이야. 창의력을 마음껏 발휘할 수 있는 기회거든. 게다가 온라인 시청자들과 실시간으로 소통하는 건 아주 매력적인 일이야. 그건 글이나 이미지로는 할 수 없는 일이기도 해. 유튜버들이 배워야 할 영상 촬영과 편집 같은 기술은 꽤 복잡하기도 하지만, 일단 잘 배워 두기만 하면 그걸 사용해서 내가 바라보는 세상을 독특하게 표현할 수 있어.

너만의 생각, 너만의 아이디어, 너만의 기술을 공유해 봐.

이 책은 너만의 유튜브 영상 제작 과정을 친절히 안내해 줄 거야. 좋은 생각을 떠올리고, 아이디어를 내서 촬영하고 공유하는 방법까지 전부 다 말이야. 그리고 진짜 유튜버들의 사례를 보면서 얻은 조언과 팁을 너의 영상에 응용할 수도 있을 거야.

계속 배워 보자. 다음 페이지에는 더 자세한 내용이 나오니까!

사람들은 '왜' 유튜브를 할까?

왜 어떤 사람들은 자신의 삶을 촬영해서 모두가 볼 수 있는 곳에 올리는 걸까? 대체 뭘 하려고? 자신의 모습을 기록하고, 그걸 알지도 못하는 수백만 명의 사람들이 보도록 공유하는 이유가 뭐냐고 묻는다면, 아마도 웬만한 유튜버들도 쉽게 대답하지 못할 거야.

사회적 연결 고리

가장 분명하고 간단한 대답은 이거야. 바로 인간은 사회적인 동물이라는 사실이지. 우리는 친구나 가족과 어울려 놀기를 좋아하고, 다른 사람과 소통하기를 바라잖아. 다른 사람들에게 우리의 삶이 어떤지 말해 주는 방법으로 온라인 비디오를 사용하는 것만큼 좋은 게 또 어디 있겠어?

유튜버에게 물어봐!

이 책에는 어린 나이에 제법 구독자를 모은 유튜버들이 등장해서 질문에 답변하는 코너가 계속 나와. 어떻게 유튜브를 시작하게 되었는지 자신의 경험담을 들려주고 조언도 해 줄 거야. 이 유튜버들에 대한 자세한 정보가 궁금하면 97쪽을 확인해 봐.

Q&A - 일상 유튜버 '스카이'

Q : 왜 유튜브를 시작했나요?

A : 난 내가 보려고 영상을 만들기 시작했어요. 나중에 컸을 때 옛날에 찍어 둔 영상으로 내가 십 대 때 했던 재미있는 일들과 웃긴 일들을 보고 싶었거든요! 브이로그 하는 게 재미있기도 하고, 영상을 만들고 새로운 방법으로 촬영하는 거랑 편집하는 게 정말 좋아요.

전문 유튜버들

유튜버들이 돈을 많이 번다는 소문이 있더라. 실제로 돈을 많이 버는 유튜버들도 있기는 하지. 하지만 유튜버를 직업으로 삼으려면 시간과 노력, 인내심이 무척 많이 필요해. 전문 유튜버들은 대부분 유튜버가 직업이 될 때까지 몇 년씩 걸렸다고 해. 게다가 그런 사람들이 모두 다 성공하는 것도 아니야.

너는 '왜' 유튜버가 되고 싶어?

여기서 잠깐, 스스로 질문을 던져 보자. 나는 왜 유튜브를 하고 싶은 거지? 유명해지고 싶어서? 내 생각과 의견을 전달할 곳을 찾고 싶어서? 재미있는 걸 촬영해서 세상 사람들과 같이 나누고 싶어서? 네 생각을 솔직히 드러내서 진짜 속마음이 뭔지 한번 알아봐.

유튜버가 되고 싶은 열 가지 이유

메모지나 포스트잇을 꺼내서 왜 유튜브를 하고 싶은지 이유를 한 가지 적어 봐. 너무 깊게 생각하지 말고 곧바로 떠오르는 이유를 적으면 돼. 그런 다음 그 메모를 바닥이나 벽에 붙여 놓고 또 다른 이유를 메모지에 적어. 그렇게 열 가지 이유를 떠올려 봐. 이때 중요한 것은 열 가지 이유를 한눈에 볼 수 있도록 놓아야 해. 그러면 그 메모들을 보고 어떤 종류의 유튜버가 되고 싶은지 알아낼 수 있어.

도움 요청하기

부모님이나 친구에게 도와 달라고 요청하는 것도 방법이 될 수 있어. 왜 유튜브를 해야 하는지 함께 이유를 생각해 줄 수 있는 아주 좋은 도우미들이지. 유튜브는 혼자 하는 작업처럼 보이지만, 꼭 그렇지도 않아.

유튜버 유형

많은 유튜버가 특정한 스타일이나 유형이 있는 영상을 만들어. 유형이 확실한 영상을 만들면 자신만의 특징을 잘 살릴 수 있어서 구독자를 모으기에 좋아. 여러 형태의 유튜브를 살펴보면서 나는 왜 유튜브를 하고 싶은지 이유를 떠올려 봐. 그러면 내가 원하는 유형의 영상을 어떻게 만들 것인지 영감을 얻을 수 있을 거야. 몇 가지 인기 있는 유튜브 영상 유형을 알아보자.

제품 리뷰

이건 유튜버가 제품이나 서비스에 대한 의견을 공유하는 영상을 뜻해. 예를 들어, 새로운 장난감이나 새로 산 운동복, 새로운 맛이 출시된 음식 등을 리뷰할 수 있지. 제품에 대해 어떻게 생각하는지, 다른 사람에게 추천할 만한지 말해 주는 거야. 제품에 평점을 매기는 것도 사람들의 흥미를 끌 수 있는 리뷰 방법이야.

게임 유튜브

게임 플레이 영상을 보여 주는 유튜브는 어마어마하게 인기가 많아. 이런 유형의 영상을 만들려면 전문 기술이 필요하기 때문에 시간이 많이 걸릴 수 있지. 하지만 이렇게 시청자들과 게임 플레이를 공유하는 비디오 채널이 온라인에는 수천 가지가 있어.

독서 및 서평

책을 즐겨 읽는 사람들 중에는 독서 감상을 기록해서 읽은 책에 대한 의견을 나누기 좋아하는 유튜버들이 있어. 책에 대해 이야기하고, 글쓰기 방법을 토론하고, 최신 베스트셀러에 대한 서평을 하는 유튜버가 아주 많아.

일상 유튜브

그저 취미로 유튜브를 시작한 유튜버도 무척 많아. 일단 카메라를 켜서 자신의 일상에서 벌어지는 일들을 찍어 본 거야. 이런 사람들은 자신의 일상에 대해서 몇 가지 내용을 보여 준 다음, 그냥 카메라를 보면서 가볍게 이야기를 하지. 이런 스타일의 유튜버도 아주 인기가 많기 때문에 한번 시도해 볼 만해.

뷰티 & 패션

시청자들에게 화장법을 알려 주거나 어떤 화장품이 윤리적으로 만들어졌는지 알려 주는 유튜버도 있어. 만약 어떤 화장법을 시도해 보거나 최신 유행 옷차림에 관해서 이야기하는 걸 좋아한다면, 시청자들에게 좋은 스타일 연출법이나 화장 기술을 알려 주는 영상을 시리즈로 촬영해 보면 어떨까?

여행 유튜브

유튜버 중에서는 전 세계를 여행하면서 그 경험을 모험을 떠나고픈 이들과 공유하는 사람들도 있어. 여행 영상을 찍으려고 꼭 세계 여행을 할 필요는 없어. 그냥 가족 휴가나 학교 수학여행, 아니면 소풍 갔던 이야기를 영상으로 만들어도 되니까!

하우투(How-to) 유튜브

너는 남을 도와주는 걸 좋아하니? 네가 할 줄 아는 멋있고 새로운 기술을 다른 사람에게 가르쳐 주고 싶니? 스케이트보드 잘 타는 법을 알거나 그림 그리는 법, 케이크 장식법에 재주가 있다면 영상을 찍어서 소개할 수 있어. 자신의 재능을 기반으로 해서 영상을 기획하는 건 개성 있는 유튜버가 되는 좋은 방법이지.

대중문화

최신 슈퍼히어로 영화나 애니메이션을 집중적으로 설명하는 유튜브 채널이 아주 많아. 영화나 만화, 텔레비전 프로그램 관련 유튜브를 운영하면 구독자가 분명히 많이 늘 거야.

코미디

가족이나 친구를 웃기는 걸 좋아하니? 사람들을 웃기는 걸 중점적으로 하는 유튜브 채널도 많아. 대본을 써서 촬영한 다음 반응이 어떤지 한번 알아보면 어떨까?

나만의 스타일을 만들자

지금껏 살펴본 유튜브 유형에는 인기가 아주 많은 것도 있고 좀 덜한 것도 있어. 하지만 이런 유형 말고도 만들 수 있는 영상은 많아. 이미 정해진 형식을 따라 만들면 더 쉽긴 하지만, 그러면 오히려 창의력이 제한될 수도 있어. 형태와 음성, 시각적 효과를 가지고 이것저것 놀이를 하듯 영상을 만들어 봐. 그게 의외로 훌륭한 유튜브 영상을 만들어 내는 최고의 방법일 수 있거든. 그러니 일단 재미있게 노는 마음으로 해 봐. 누가 알아? 아주 새로운 스타일의 영상을 만들게 되어 수많은 구독자가 생길지?

일단 시도하기

한 가지 알아 둘 게 있어. 유튜브 영상 제작은 해야 할 일이 많을 수 있어! 카메라로 네 모습을 촬영해 본 적 있니? 아니면 그냥 재미로 카메라에 대고 이야기해 본 적 있어? 그런 적이 없다 해도 너무 두려워하거나 주눅들 필요 없어. 일단 시도해 봐!

그냥 녹화 버튼을 눌러

할 말이 하나도 없을 것 같니? 그 주제에 대해서 말해도 될 만큼 잘 알지 못하는 것 같다고? 무슨 말을 할지 생각이 안 나거나 어떤 유튜브 영상 시리즈를 만들지 계획해 놓은 것이 없다면(시리즈를 만드는 법은 나중에 배울 거야.) 일단 아주 간단한 방법이 있어.

일단 녹화 버튼을 눌러. 그러면 마법이 일어날지도 몰라!

- -

유튜버나 팟캐스터, 블로그 운영자들이 발견한 비법이 하나 있어. 그냥 녹화 버튼을 누른 다음 이야기를 시작하면 마법처럼 일이 술술 잘 풀린다는 거야. 일단 촬영을 시작하기만 해도, 내 마음이 무슨 이야기를 할지 골라내야 한다는 압박을 받거든. 그래서 자기도 몰랐던 아주 놀라운 이야깃거리를 찾아내는 거지. 알고 보면 참 많은 이야기와 아이디어들이 바로 코앞에 숨어 있어. 다만, 그 창의력을 조금이라도 일깨우려면 간단한 자극이 필요한 법이야.

명심해. 일단 준비를 마칠 때까지는 실제로 영상을 유튜브에 올릴 필요는 없어. 이런 시도는 단지 창의력을 자극해서 뽑아내기 위해서야. 아이디어를 실험해 보는 거라고. 혹시나 결과가 형편없더라도 아무 문제 없으니까 안심해!

아이디어 떠올리기

생각하고,

이 장에서는 멋진 영상을 위한 아이디어 내는 방법을 알려 줄게. 단 하나의 아이디어만 생각해 내려고 하지 마. 전부 끄집어내 봐. 바보 같은 생각이라고 함부로 단정 짓지 말고. 창의력을 짜낼 수 있는 몇 가지 유용한 방법도 있어. 잘 따라 하면 너도 샘솟는 아이디어 제조기가 될 수 있을 거야.

60초 도전하기
빈 종이를 놓고 1분 동안 가능한 한 많은 아이디어를 써 봐. 그러고 그 아이디어 중에서 어떤 게 마음에 와닿는지 골라 봐.

끄적거리기
유튜브 아이디어를 낙서로 그려 봐. 그러면 카메라 앞에서 말하고 싶은 주제가 뭔지 떠올리기 좋아.

질문 나무 그리기
아이디어를 떠올리다 보면 여러 질문이 생겨날 거야. 그 질문을 다 순서대로 적어 봐. 그러면 답을 찾기도 훨씬 쉬워질 거야.

아이디어 산책
신발을 신고 밖으로 나가 봐. 그래서 아무 생각이나 흐르게 놔두는 거야. 심호흡을 하고 나만의 유튜브는 뭘 하면 좋을지 떠오르는 생각을 소리 내서 말해 봐.

쓰고, 개발하기

'그 애라면' 어떻게 했을까?

유튜브 아이디어를 짜다가 생각이 나지 않는다면, 롤플레잉을 해 보는 건 어떨까. 다른 사람이나 다른 캐릭터라면 어떻게 했을지 상상을 해 봐. 예를 들면, '내 여동생이라면 뭘 했을까?', '내가 제일 좋아하는 연예인이라면 뭘 했을까?' 하는 식으로 말이야.

전부 메모하기!

항상 수첩이나 핸드폰 메모장을 준비해서 아이디어가 떠오르는 대로 적어 봐. 아주 사소한 아이디어라도 꼭 기록할 준비가 되어 있어야 해. 그러면 나중에 읽어 보고 검토할 수 있기 때문이야.

영감 찾기

좋아하는 유튜버가 있니? 네가 좋아하는 유튜버와 싫어하는 유튜버의 목록을 적어 봐. 예전에 재미있다고 생각했던 영상은 무엇이었는지 알면 아이디어를 얻을 수 있어.

그래도 모르겠을 땐, 책 읽기

책 한 권을 골라서 푹 빠질 만큼 읽어 봐. 그래서 내 머릿속이 책 내용을 모두 파악하게 하는 거야. 그러면 머릿속에 연료를 넣은 효과가 나서 새로운 아이디어를 개발하는 힘이 생길 거야.

아이디어 발전시키기

어떤 영상을 만들지 일단 아이디어 목록을 써 봤다면, 그중 하나를 선택해서 더 발전시켜야 할 때가 왔어. 고르지 않은 아이디어도 나중에 만들 영상을 위해서 저장해 놓을 수 있지만, 지금은 일단 주제를 하나 택해서 시작해 보자.

너로 골랐어!

아이디어 중에는 아주 흥미롭고 창의력이 넘쳐 보이는 것도 있을 거야. 반면에 어떤 아이디어는 흥미롭긴 하지만 만드는 과정이 재미없을 것 같은 것도 있겠지. 그럼 어떡하냐고? 방법은 일단 하나만 골라보는 거야! 생각해 낸 아이디어들을 정리하는 데 긴 시간을 투자할 수도 있지만, 찍는 건 또 다르거든. 일단 찍어 보기 전까지는 뭘 알게 될지 절대로 알 수 없는 법이야!

Q : 유튜브 아이디어는 어떻게 생각해 내나요?

A : 나는 다방면에 흥미가 많아요. 내 유튜브 채널은 '이것저것 다양하게 해 보는 것'이 특징이에요. 그래서 나는 종종 내가 최근에 찍은 영상을 보면서 그동안 하지 않았던 건 무엇이었는지 확인해요. 예를 들어, 내가 우쿨렐레 커버 연주 영상을 올린 지가 꽤 되었거나, 아니면 내가 쓰고 있는 글이 얼마만큼 진행되었는지 브이로그를 올린 지 한참 되었다면, 다음번엔 그것 중에서 골라 영상을 올려야겠다고 마음을 먹어요.

한 걸음 더 나아가기

아이디어를 영상으로 옮기는 것을 연습하는 방법이 있어. 꼭 말하고 싶은 것 세 가지를 적어 놓은 다음 그것에 대해 말하는 영상을 찍는 거야. 유튜브 영상을 실제로 찍기 시작할 때 가장 어려운 부분은 보여 주는 내용과 말하는 내용을 점점 발전시켜야 한다는 점이지. 이 과정을 열 번도 넘게 반복했을 때에야 비로소 이렇게 말할 수 있을 거야.

이게 바로 내가 하고 싶었던 거야!

이것저것 실험해 보고 연습 촬영을 하는 데 시간이 걸릴 수 있어. 처음부터 완벽하게 잘할 수는 없을 테니까! 몇 번 연습하다 보면 너만의 목소리를 찾고, 어떻게 하면 가장 멋지게 나를 찍을 수 있는지 알게 될 거야.

Q&A - 음악·문화 유튜버 '알렉산드라'

Q : 유튜브 영상을 제작할 때 가장 좋은 아이디어를 고르는 방법은 뭔가요?

A : 일단 내가 뭘 좋아하는지 알아야 해요. 더 잘하고 싶은 기술이 있나요? 예를 들어 악기 연주나 댄스, 조각하기 등이 있겠죠. 아니면 영화, 텔레비전 프로그램, 비디오 게임에 대해서 할 말이 있나요? 일상에서 있었던 일을 재미나게 이야기하는 재능이 있다는 칭찬을 들은 적이 있나요? 어떤 주제로 유튜브를 할까 정할 때는 인기 있어 보이는 게 아니라 언제나 '내가' 하고 싶은 걸 토대로 해야 해요. 그래야 하면서 더 재미있고, 영상을 다 만들었을 때 스스로 만족할 수 있으니까요!

Q : 일단 유튜브 주제를 하나 정했다면 그 다음엔 어떻게 해야 하죠?

A : 나 같은 경우는 일단 일정을 확인해서 촬영하고 편집할 시간이 있는지, 또 무엇이 필요한지(예를 들어 물품, 조명, 소도구 등) 알아봐요. 카메라를 켰을 때 곧바로 영상을 찍을 수 있도록 준비하려고요!

19

나의 첫 유튜브 영상 계획하기

영상을 실제로 촬영하기 전에 해야 할 일이 있어. 바로 첫 영상을 어떻게 만들지 계획을 짜는 거지. 도움이 될 만한 아이디어를 몇 가지 알려 줄게.

장소 정하기

내가 다룰 주제는 어디서 영상을 찍는 게 좋을지 생각해 봐. 바깥? 아니면 방 안에서? 예를 들어, 아이스 스케이팅에 대해 이야기하고 싶다면 빙판 위에서 스케이트를 타면서 영상을 찍는 게 좋지! 바깥에서 촬영하고 싶다면, 가능한 장소를 몇 군데 찾아보고 그곳 사진을 찍어 봐. 반대로 방 안에서 영상을 찍고 싶다면, 너만의 촬영 세트장을 만들어 보는 건 어떨까? 네 방 한구석을 꾸며도 좋고, 아니면 그냥 탁자와 의자를 갖다 놓기만 해도 돼.

간단한 대본 쓰기

그다음 단계는 간단한 대본을 쓰는 거야. 하고 싶은 말을 그대로 글로 적어서 읽을 수 있는 대본도 좋고, 아니면 요점만 간단히 적어도 좋아. 다만 한 가지는 명심해. 지금은 그냥 계획을 짜는 단계일 뿐이야. 자세한 내용은 이 책의 뒷부분에서 또 이야기할 테니까.

Q&A - 패션·코미디·일상 유튜버 '팻마'

Q : 매번 영상을 찍을 때마다 대본을 쓰나요? 아니면 즉흥적으로 말하는 걸 선호하나요?

A : 첫 번째 영상을 만들었을 때는 모든 게 처음이라서 대본을 다 준비해 놓고 시작했어요. 하지만 막상 카메라로 촬영을 시작하니까, 즉흥적으로 하게 되더라고요. 요즘은 어떤 영상을 만드냐에 따라 대본 준비가 달라요. 만약 길이가 긴 영상일 경우에는 대본을 준비해서 그대로 하죠. 그렇지 않으면 말이 계속 많아져서 영상 길이가 너무 길어지더라고요.

Q : 영상 클립은 어떻게 고르고 선정하나요?

A : 나는 만든 클립을 다 사용하는 편이에요. 하지만 편집 과정을 거치며 각각의 영상 클립을 다듬지요.

Q : 유튜브 영상을 제작할 때 주로 어떤 계획 과정을 거치나요?

A : 그건 어떤 영상을 찍느냐에 따라 달라요. 그중에는 계획을 많이 세워야 하는 긴 영상이 있어요. 예를 들면 패션 브랜드의 스타일을 보여 주는 영상인 경우는 영상의 배경과 입고 나올 의상, 촬영 앵글부터 촬영에 쓸 카메라까지 세심하게 계획해요. 하지만 그냥 앉아서 일상 이야기를 하는 영상이라면 보통은 즉흥적으로 해요.

Q : 유튜브 영상을 계속 제작할 수 있는 원동력은 무엇인가요?

A : 좀 식상하게 들릴 수 있을지도 모르겠는데요, 바로 구독자분들이에요. 영상을 통해서 구독자분들이 보내 주는 지지에 마음이 참 뭉클해지거든요. 저는 전 세계에 구독자가 있는데, 그게 너무나도 신난답니다. 구독자들이 영상을 보고 오늘 하루 정말 즐거웠다고 보낸 메시지를 읽으면 일주일 내내 힘내서 또 영상을 만들 수 있어요.

온라인 보안 어디까지

한창 신난 마음에 찬물을 끼얹는 것처럼 들릴지도 모르지만, 온라인에 영상을 올리기 전에는 반드시 온라인 보안에 대해서 생각해 봐야 해. 유튜브에 영상을 안전하게 올릴 수 있도록, 또 무슨 일이 일어나도 수습할 수 있도록 준비 사항들을 미리 알아보자.

일단 올리면 영원히 지워지지 않아

첫 영상을 게시하기 전에 반드시 알아 두어야 할 점이 있어! 일단 업로드를 하면 그건 모두 인터넷에 영원히 저장된다는 거야. 인터넷은 저장 능력이 어마어마하기 때문에, 네가 무엇이든 웹에 올린 다음 지우기로 마음을 먹더라도, 어딘가 어떤 컴퓨터에는 그 복사본이 남게 돼. 컴퓨터들이 일부러 그걸 저장하는 건 아니야. 대부분 인간에게 도움이 되려는 목적으로 복사본을 남기는 것뿐이야.

가족과 친구 배려하기

유명한 유튜버가 되면 내 주변 지인들까지도 사람들이 알아보는 경우가 많아. 그래서 가족과 친구의 사생활에 대해서도 배려해야 해. 그런 점에서 가족과 친구에게 먼저 이야기를 하는 게 아주 중요해. 책임감 있는 유튜버라면, 네가 열심히 촬영하는 것과는 별개로 다른 사람의 사생활을 침해하지 않아야 하지. 자신의 얼굴이 촬영되어서 인터넷에 올라가는 걸 좋아하지 않는 사람도 있기 때문이야.

공유해도 되는 걸까?

메타데이터(METADATA)

그거 아니? 영상이나 사진 파일 안에는 숨겨진 데이터가 아주 많이 포함되어 있어. 이 정보를 '메타데이터'라고 하는데, 그걸 보면 네 인적 사항이 알려질 수 있으니 조심해. 메타데이터에는 날짜와 시간, 사용된 카메라의 종류, 사진의 크기와 동영상 길이, 촬영한 장소 같은 정보가 들어 있어.

지오태그(GEOTAGS)

지오태그는 사진이나 영상, SNS 포스트에 위치를 할당하는 전자 태그야. 그래서 지오태그 정보를 보면 네가 어디에 사는지 사람들이 위치를 알 수 있어. 동영상을 편집하거나 미리 보기 화면을 만들 때 이 점을 기억해 둬. 그래야 구독자들에게 너의 지오태그를 공유하지 않을 수 있으니까.

대부분의 영상 편집 프로그램에는 편집 마지막 단계에 메타데이터와 지오태그를 삭제하는 기능이 있어.

꼭 지켜야 할 비밀은 무엇일까?

유튜브 영상은 정보를 공유하기 위해 만든 것이지만, 그래도 반드시 비밀로 지켜야 하는 정보가 있어. 업로드 버튼을 누르기 전에 명심해야 할 점을 알려 줄게.

왜 이메일을 공개하면 안 될까?

온 세상 사람들과 네 개인 연락처 정보를 공유하기 싫다면, 따로 유튜브용 이메일 계정을 만드는 게 좋아. 일단 네 영상을 보는 구독자들에게 이메일 계정을 알려 주면, 사람들은 너에게 메일을 보내고 싶어 할 거야. 그중에는 스팸메일도 있겠지. 개인 이메일 계정을 비공개로 유지하면, 받은 편지함에 쓸데없는 메일이 쌓이지 않을뿐더러, 유튜브와 너의 개인 생활을 적절히 분리할 수 있어.

주소와 주요 건물

집에서 유튜브 영상을 촬영하는 건 좋지만, 그래도 영상 안에 무슨 정보가 들어가고 있는지는 잘 알고 있어야 해. 혹시 너희 집 주소나 근처의 주요 건물이 영상에 드러나지 않는지 항상 조심해야 해. 구독자들이 네가 어디 사는지 정확하게 알게 되는 건, 너도 아마 원하지 않겠지? 촬영하고 나서 그런 정보가 발견된다면, 그 지점을 편집하거나 흐릿하게 처리하거나 아니면 귀여운 이모티콘으로 가릴 수 있어. 만약 영상에서 주요 건물들을 적절히 자르거나 편집할 수 없다고 판단되면, 그 영상은 다시 촬영하는 수밖에 없어.

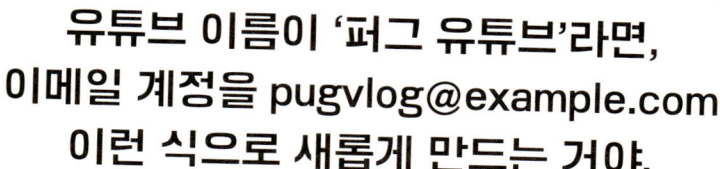

유튜브 이름이 '퍼그 유튜브'라면, 이메일 계정을 pugvlog@example.com 이런 식으로 새롭게 만드는 거야.

택배 왔어요!

유튜버라면 종종 구독자들에게 진짜 편지나 택배를 받는 경우가 있어. 구독자들이 보내는 팬레터와 선물을 열어 보는 영상을 촬영하는 유튜버도 많지. 그럴 때는 구독자들에게 알려 줄 우편 사서함을 만드는 것도 아주 좋은 방법이야. 우편 사서함은 실제로 '우체국'에 있는 보관함이고, 집 근처 우체국에 사서함 제도가 있다면 신청할 수 있어. 물론 우편물을 받으려면 사서함에 찾아가서 직접 꺼내 와야 하지만, 집 주소를 알려 주지 않고서도 우편물을 받을 수 있다는 장점이 있지.

산타 할아버지도 북극에 사서함이 있다는 걸 알고 있니? 그래서 산타 할아버지에게 1년 내내 편지를 쓸 수 있어. 사서함 주소는 이거야.
Santa Claus, North Pole, HOHOHO, Canada.

생일 축하를 못 받는다고?

시청자들에게 생일을 숨겨야 한다니, 세상에 널리 알려야 할 제일 좋은 정보를 숨기는 거 아니냐고 생각할 수도 있겠지. 하지만 너의 개인 정보를 안전하게 보호하려면 인터넷에 처음부터 올리지 않는 게 제일 좋아. 그래도 말하고 싶다면, 구독자들에게 생년월일을 정확히 말해 주지 말고 대충 언제쯤인지만 말하는 것도 괜찮아. 아예 말을 하지 않는 편이 좋지만. 하지만 그래도 어떻게든 생일을 같이 축하하고 싶다면, 온라인상에 공개하는 생일을 하나 더 만들어 봐! 생일 축하 인사를 두 번 받는 것도 좋겠지?

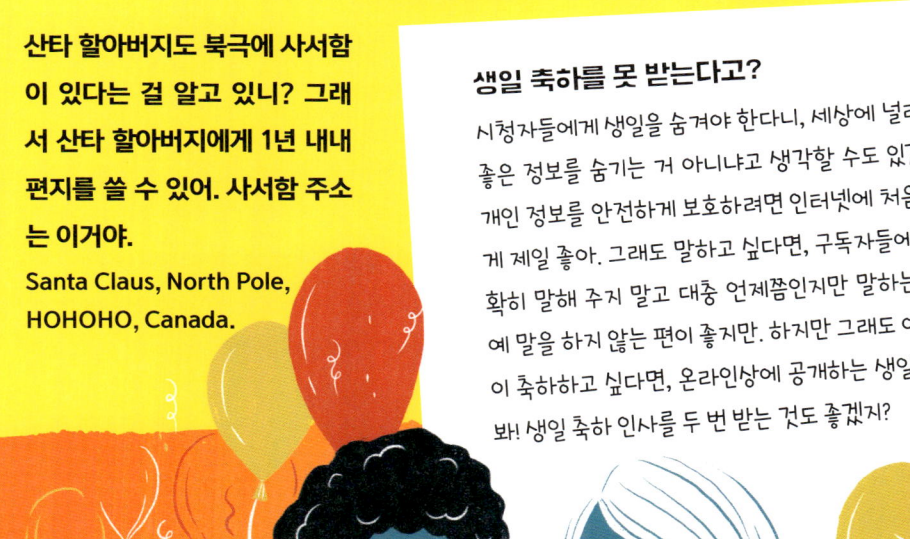

닉네임 사용하기

혹시 슈퍼히어로처럼 진짜 정체를 숨기면 어떨까 생각해 본 적 있어? 유튜브를 시작할 때는 닉네임을 사용하는 게 좋아. 유튜버들은 진짜 신분을 보호하기 위해서 대부분 닉네임을 써. 이름을 귀엽게 줄여 부르거나, 아예 새로운 이름을 만들어서 쓰는 게 어떨지 생각해 봐.

주제에서 이름 따오기

만약 야구에 관한 유튜브 채널을 만든다고 해 보자. 그러면 좋아하는 야구팀에 대해서 이야기하고, 리그에서 우리 팀이 잘하는지, 각 선수의 전적은 어떤지 이야기할 계획을 세우겠지? 야구 용어를 생각나는 대로 전부 늘어놓고 그중에서 몇 가지 단어를 결합해서 너의 유튜브에 맞는 새로운 닉네임을 만들어 보면 재미있을 거야. 예를 들어 '홈런급 병살타'나 '대기 타석', '본즈가 간다' 같은 이름은 주제를 잘 활용한 이름들이지.

외국어를 할 줄 안다면?

닉네임을 만드는 또 다른 방법은 외국어 단어를 사용하는 거야. 2개 국어 이상을 말할 수 있다면, 이름 짓는 데 아주 무궁무진한 방법을 아는 셈이야! 다른 나라에서 진짜 쓰이는 언어로 이름을 지어도 좋고, 책이나 영화에 나오는 가상의 언어로 만들어도 돼. 여러 언어를 함께 조합한 이름을 짓는다면 너만의 독특한 정체성을 만들 수도 있어.

창의적으로 개인 정보 보호하기

어떤 방법을 사용하든지 네 개인 정보를 반드시 보호해야 한다는 점을 잊지 마! 개인 정보를 사용하지 않아도 온라인상의 내 모습을 재미있게 만들 수 있어. 창의적으로 생각하면서 눈에 확 띄는 새로운 정체성을 떠올려 봐. 하지만 온라인 계정을 만들기 전에 반드시 하나를 잘 고르는 게 중요해. 왜냐하면 네가 영상을 올리는 채널마다 그 이름을 사용할 테니까.

내 이름 검색해 보기

남들에게 널리 알려지는 데 따른 단점도 있어. 바로 사람들이 너에 대해서 이야기하고 싶어 한다는 거야. 사람들이 나에 대해 뭐라고 하는지 찾아보는 건 좋을 수도 있지. 내 이름을 검색해 보는 건 좀 이상한 기분이 들 수도 있지만, 너의 구독자들이 뭘 하고 있는지 알아보면 나중에 네가 새로운 영상을 만들 때 도움이 될 거야.

예를 들어, 너의 닉네임을 검색하면 이런 것들을 발견할 수 있어. 다른 유튜버나 블로거들이 네 영상을 언급한 것, 너에 대한 기사들, 리뷰들, 그림들이 있을 수도 있지.

비밀번호 보호하기

성공한 유튜버가 되면 생길 수 있는 부작용 중 하나가 바로 해커의 목표가 될 수 있다는 점이야. 어떤 유튜버들은 계정이 손상되기도 하고, 영상이 지워지기도 하고, 아예 채널이 지워지기도 해. 그래서 유튜브 계정에 다른 사람이 접근하지 못하도록 비밀번호를 보호하고 개인 정보를 잘 설정하는 것이 무척 중요해. 나의 영상 계정을 지키고 싶을 때 반드시 따라야 할 몇 가지 주요 사항을 알려 줄게.

디바이스 장치를 잠그는 가장 안전한 방법은 6~8개의 숫자를 이용한 핀 번호지만, 최신 장치에는 안면 인식 기능이나 패턴 또는 지문을 사용하기도 해.

디바이스 잠그기

스마트폰을 사용해서 영상을 촬영하는 유튜버가 많지. 하지만 스마트폰으로 영상을 촬영하고 싶다면, 조심해야 해. 예를 들어 스마트폰을 학교에서 잃어버리기라도 한다면, 그걸 주운 애가 너의 스마트폰을 보고 영상과 이미지들을 온라인에 올릴 가능성도 있기 때문이야. 하지만 스마트폰을 떨어뜨리거나 잃어버려도 개인 정보를 보호하는 방법은 있어. 모든 노트북이나 태블릿, 스마트폰에는 화면이 꺼질 때마다 기기를 잠글 수 있는 기능이 들어 있으니까. 귀찮다고 여기지 말고 꼭 잠금 기능을 이용하도록 해.

비밀번호가 뭐야?

아무도 추측할 수 없는 비밀번호야말로 너의 온라인 삶을 더욱 안전하게 만들어 주는 필수 요소야. 비밀번호를 안전하게 보호하기 위해 꼭 지켜야 할 간단한 방법을 알려 줄게.

- 불특정한 순서로 숫자와 글자, 특수문자(느낌표, 물음표, 퍼센트 표시, 밑줄 등)를 조합해서 비밀번호를 만드는 걸 추천해.
- 모든 온라인 계정에 똑같은 비밀번호를 사용하지 마. 네가 로그인할 때 편하기는 하겠지만, 누가 네 비밀번호를 추측해서 알아내기라도 한다면, 그 사람은 네가 가입한 사이트 전부에 로그인이 가능해질 거야.
- 흔히 쓰는 간단한 단어나 반려동물 이름, 생일 같은 정보는 비밀번호로 절대로 사용하지 마. 간단한 단어를 비밀번호로 쓰면 해커들이 특별한 소프트웨어를 사용해서 계정을 해킹할 때 특히 쉽게 깨질 수 있어.

#WS0yb12fob!
이 정도쯤 되면 안심이지!

제가 당신의 비밀번호를 관리해 드리겠습니다

비밀번호 관리 서비스를 받으면 비밀번호를 여러 개 만들고 그 목록을 기억하면서 보안을 유지하기에 좋아. 구글이나 라스트패스 같은 사이트는 사람들이 가장 많이 사용하는 비밀번호 관리 서비스 회사야. 이 회사들은 유튜버나 컴퓨터 사용자들을 위해 무료 비밀번호 관리 서비스를 제공해. 그리고 노트북과 태블릿, 스마트폰의 비밀번호를 공유하는 소프트웨어 사용법을 아주 잘 알려 주지.

다단계 인증(2단계 인증) 설정하기

계정을 해킹하려는 나쁜 사람들에게서 네 계정을 보호하는 가장 안전한 방법은 바로 다단계 인증 기능을 사용하는 거야. 다단계 인증 기능을 설정하는 흔한 방법은 바로 스마트폰을 계정에 연결해 놓는 거지. 그러면 네 계정에 로그인할 때마다(그게 나일 수도 있지만 다른 사람일 수도 있잖아.) 스마트폰에 '로그인되었습니다.'라고 문자가 오게 돼. 그 문자에는 숫자나 문자, 아니면 짧은 암호가 함께 오는데, 그걸 노트북이나 컴퓨터 화면에 뜨는 보안 인증란에 입력해야 계정에 비로소 로그인이 되는 거지. 이렇게 해서 네가 진짜 계정 주인이고 해커가 아니라는 걸 확인하는 거야. 유튜브 계정뿐 아니라 모든 SNS 계정에도 이런 다단계 인증을 설정해 놓도록 하자.

어른들에게 물어보자

혹시 온라인 보안에 대해서 마음이 놓이지 않거나 뭔가 수상한 점을 발견했다면, 어른들에게 도와 달라고, 가르쳐 달라고 부탁해 봐. 네 계정에 문제가 생겼다면 네가 직접 하는 것보다 어른들이 해결하는 편이 더 쉬울 때가 많거든.

> 트위터, 페이스북, 인스타그램, 미래에 유행할 다른 SNS, 뭐든 미리 보호하는 게 현명해.

보안 유지도 재미있게!

이렇게 철저하게 보안을 유지하는 게 너무 번거로워 보일 수도 있고, 처음에는 짜증 날지도 몰라. 하지만 네 영상이 안전하게 보호되고 있다는 걸 알면, 넌 더욱 마음껏 유튜브를 할 수 있을 거야. 그러니 이걸 게임하듯 해 봐. 어려운 비밀번호를 쭉 만들어 두고 그걸 외워 보면 어떨까. 어쩌면 너만 외울 수 있는 진짜 길고 어려운 문장을 만들 수도 있겠지? 비밀번호를 지키면서도 나만의 재미를 살짝 더해 보는 게 중요해. 그러면 보안을 유지하는 게 한층 쉽게 여겨질 거야.

이 비밀번호는 절대 알아낼 수 없을걸!

촬영 장비

영상

영상 촬영에 비싼 장비가 많이 필요할 것 같다고? 아니야! 심지어 너희 집에서 찾아보면 이미 필요한 도구가 많이 있을지도 몰라. 하지만 영상 촬영에 꼭 갖춰야 할 몇 가지 주요 장비들이 있기는 있어! 네가 촬영을 시작할 때 어떤 도구들을 준비하면 되는지 몇 가지 조언을 해 줄게.

카메라

카메라는 영상 촬영에서 가장 중요한 부분이야. 카메라 종류는 아주 다양하니까, 어떤 영상을 촬영하는지에 따라 카메라를 고르는 게 좋아. 만약 네 방이나 마당 같은 장소에서 촬영할 거라면, 그냥 일반적인 카메라를 사용해도 괜찮아. 하지만 비행기에서 스카이다이빙을 하거나 물속에서 수영하는 것처럼 모험 영상을 찍고 싶다면 특수 기능이 장착된 소형 카메라를 고르는 게 좋겠지.

모바일 디바이스

스마트폰이나 태블릿이 있다면, 그것만으로도 충분할 수도 있어. 스마트폰에는 대부분 음성과 영상 녹화 기능이 있고, 어떤 건 심지어 영상 편집 기능도 갖추고 있거든. 네 스마트폰이 유튜브 영상 촬영용으로 적합하지 않을 수도 있겠지만, 어쨌든 그걸 가지고 시작하는 게 제일 빠를 거야.

조명

많은 유튜버들이 영상을 환하게 하고 초점을 맞추려고 조명을 사용해. 하지만 이미 집에 있는 전등이나 스탠드를 조명으로 사용해도 되고, 그냥 환한 곳에서 촬영하기만 해도 괜찮아.

촬영에 필요한 도구들

삼각대

삼각대는 카메라의 위치를 정하고 카메라를 고정하는 데 사용할 수 있는 스탠드야. 이걸 쓰면 영상이 흐릿하게 찍히는 것을 막을 수 있어. 하지만 유튜브 영상을 찍으려고 삼각대를 꼭 사야 하는 건 아니야. 대신에 책을 쌓아 놓거나, 탁자를 두고서 그 위에 카메라를 올려놓아도 돼. 카메라를 수평으로 유지하고 얼굴을 비추게 할 수만 있으면 상관없어. 만약 걸어 다니면서 말하는 장면을 촬영하고 싶다면, 삼각대가 있는 게 훨씬 좋지. 삼각대에 카메라를 부착하면 셀카봉처럼 사용할 수도 있으니까.

지금 당장 모든 게 필요하지는 않아

유튜버들한테 물어본다면, 다들 카메라와 조명, 마이크를 사는 데 돈이 아주 많이 든다고 말할 거야. 하지만 조명이 없거나 저품질의 카메라밖에 없다고 해서 유튜브를 못 한다고 생각하지 말아 줘! 장비를 살 돈을 조금씩 모을 수도 있고, 아니면 누군가에게 녹화 장비를 빌릴 수도 있어. 네 주변에 필요한 장비를 가진 사람이 없다면, 지역마다 있는 '시청자미디어센터'에 문의해 봐. 이곳에서는 카메라를 비롯해 다양한 촬영 장비를 무료로 대여해 주고 있어.

마이크

카메라에는 대부분 마이크가 내장되어 있어. 내장 마이크의 성능은 기기마다 다를 수 있어. 음성 품질은 네가 있는 장소에 따라, 또 주변 배경에서 나오는 소음의 정도에 따라서도 달라져. 만약 바깥에서 영상을 촬영한다면 주변 소음이 마이크에 너무 많이 잡혀서 네 목소리가 안 들릴 수도 있어. 이때 음성 품질을 향상시키려면 외장 마이크를 추가로 꽂아서 사용하는 수밖에 없어.

편집 소프트웨어

유튜브에 올릴 영상을 정리하고 수정하려면 편집 소프트웨어가 필요해. 초보 유튜버들에게는 참 다행스럽게도 대부분의 컴퓨터에는 영상 편집 패키지가 들어 있어. 물론 이런 소프트웨어들은 아주 기초적인 것일 수 있지만, 그래도 보통은 네가 찍은 영상을 멋지게 만들 기능은 충분히 갖추고 있어. 그래도 해 봤더니 네게 있는 편집 소프트웨어가 별로라면? 걱정 마. 무료로 사용할 수 있는 소프트웨어가 꽤 많이 있으니까.

접근성

영상을 촬영하고 편집할 때, 반드시 잠깐 시간을 두고 생각해야 할 게 있어. 바로 시각장애인이나 청각장애인도 내 영상을 즐길 수 있어야 한다는 점이야. 유튜버들이 촬영한 내용을 온전히 감상할 수 없는 구독자들을 배려해야 한다는 의식이 점점 커지고 있어. 편집할 때 최대한 모든 사람이 영상에 접근할 수 있게 하는 몇 가지 방법이 있어.

자막 사용

청각 장애가 있는 구독자에게는 자막이 아주 중요해. 몇 줄짜리 자막을 영상 화면에 적절하게 맞추어 띄우면 청각장애인도 무어라 말하는지 알아볼 수 있어. 자막이 있으면 내용뿐 아니라 큰 소리나 음악이 나올 때를 표시할 수 있고, 반대로 네가 말이 없을 때는 왜 말이 없는지도 알려 줄 수 있어. 물론 자막을 만드는 데는 시간이 오래 걸리고, 그걸 영상과 맞추려면 따로 연습을 좀 해야 할지도 몰라. 하지만 일부 영상 플랫폼에는 자막을 자동으로 생성하는 기능이 있어서, 너는 그걸 편집하기만 해도 돼.

> 구독자들이 영상을 보고 들으려면 무엇이 필요할까?

"자막이 있으면 구독자들이 이어폰이 없어도
무음으로 설정해 놓고 영상을 볼 수 있어서 좋아!"

묘사하는 말 하기

너의 유튜브 영상을 보는 시청자 중에는 시각장애인이 있을지도 몰라. 그런 분들을 위해서 지금 영상에서 무슨 일이 일어나고 있는지 가끔 말로 정리해 주면 좋아. 지금 보고 있는 게 뭔지 묘사하거나 주변 풍경을 세세하게 알려 주면, 카메라를 보며 할 말이 좀 더 생기게 되지. 예를 들어, 밖에 나가 숲속을 걸으며 영상을 촬영한다면, 가는 길의 주변 환경을 묘사해 보는 거야. 연습을 충분히 하면 꽤 쉽게 이야기할 수 있어.

너만의 이야기를 시작해 봐

지금쯤이면 첫 번째 유튜브 영상을 무척 만들고 싶은 마음이 들었겠지? 대본도 써 놓고, 영상의 주요 내용을 메모해 두기도 했을 거야. 그렇다면 이젠 다음 단계인 촬영을 해 보자.

3막

영상 촬영을 시작하려면 일단 어떤 이야기를 하고 싶은지 네가 정확히 알고 있어야 해. 대부분의 이야기에는 논리적인 처음, 중간, 끝이 있어. 네가 하고픈 말을 이렇게 3막으로 나누어 생각해 보면, 각 단계별로 어떻게 설정하고, 갈등을 만들고, 그걸 해결할지 아이디어가 떠오를 거야.

1

설정

먼저 에피소드를 소개해야 해. 오늘 무슨 일이 일어나고 있는지, 왜 네가 영상에서 이야기를 하는 건지 구독자들에게 말해 주는 도입 단계야. 여기서 알아 둘 점은, 많은 유튜버의 영상 오프닝 부분은 비슷하다는 거야.

예시: 반려견을 산책시키는 이야기를 하려면, 일단 앉은 다음 카메라 촬영 버튼을 누르고 이렇게 말하겠지. "오늘은 우리 강아지를 산책시켜 보려고 해요."

3막이라… 생각을 해 보자….

나만의 영상 촬영

2

갈등

영상이 진행되는 동안에 너는 갈등에 부딪히고, 그걸 해결하는 과정을 겪는 거야. 그래야 구독자들은 물론 영상을 찍는 너도 더욱 흥미와 재미를 느낄 수 있으니까.

예시: 갈등은 이런 거야. 산책을 가려고 했는데 갑자기 비가 마구 내려서 반려견이 집 밖으로 나가고 싶지 않아 하는 거지!

3

문제 해결

그러면 네가 설정한 갈등을 어떻게 풀지 해결책을 찾겠지. 네가 꾸민 이야기가 결말에 집중되어서 너와 구독자 모두를 반드시 만족시켜야 한다는 걸 잊으면 안 돼. 그러니 절대로 이야기를 끌어가다 도중에 그만두지 마!

예시: 너는 반려견에게 강아지용 우비를 입히고 맛있는 간식을 주어서 같이 산책을 가도록 이끌 수 있겠지. 이런 식으로 문제를 해결하고 영상을 끝내면 돼.

시각적 스토리텔링

영상은 눈으로 보는 시각적 매체야. 역사상 최초의 영상에는 소리가 없었어. 그래서 모든 건 보이는 것만으로도 이해가 되도록 만들어야 했지. 시각적 스토리텔링의 힘을 활용해서 영상을 설득력 있고 재미있게 만들어 봐.

설명하지 말고 보여 줘

네가 아침에 어떻게 일어나는지 알려 주고 싶다면, 시각적으로 이야기를 만들 때 필요한 장면들의 목록을 만들어 봐. 그러면 아무 말 없이도 전체 이야기를 전달할 수 있어.

숏1
잠자리에서 일어나다.

숏2
아래층으로 내려간다.

숏3
오렌지 주스 한 잔을 따르고, 시리얼을 먹는다.

알아 두기

- 요점만 말해! 도입부나 갈등, 해결 방법과 상관없는 이야기를 길게 하지 마.
- 천천히 진행해! 여유를 갖고 너의 생각을 차근차근 설명해. 너무 빨리 말하거나 네 생각을 한 번에 전부 다 쏟아 내서는 안 돼.

시각적 전환

이야기를 계속 끌고 가려면 시각적 전환을 이용해 보자. 한 이야기에서 또 다른 이야기로 넘어가는 순간에, 세트장이나 배경 장면을 찍은 숏을 이용하는 거야. 영상의 내용이 무엇이 되었든, 장소마다 다양한 배경을 촬영해 놓으면 나중에 자유자재로 편집하기가 쉬워.

숏4
위층으로 올라간다.

숏6
거울을 보고 미소 짓는다. 외출 준비 완료!

숏5
이를 닦고 세수를 한다.

시각적 전환의 종류

- B롤(B-Roll) : 영상 촬영 장소를 추가로 찍은 걸 말해. 이게 있으면 멋진 영상을 만드는 데 좋아.
- 특수 효과 : 특수 효과에 관심이 있니? 이런 효과들을 알아보는 건 아주 재미있을 거야.
- 드론 : 날아다니며 촬영하는 드론이 있으면 정말 재미있는 장면을 찍을 수 있어.
- 타임 랩스 : 카메라를 한자리에 설치하고 오랫동안 촬영을 해 봐. 그러면 그 장소의 느낌을 파악할 수 있고, 한 장면에서 다른 장면으로 전환하기에도 좋아.

카메라 위치

영상을 촬영할 때는 세 가지 선택지가 있어. 하나는 카메라를 고정된 상태로 두는 것, 그리고 다른 사람이 카메라로 찍어 주는 것, 마지막으로 직접 카메라를 갖고 다니는 것이지.

고정 카메라

이건 화권을 고정시켜 놓는 거야. 일정한 지점에 설치된 카메라를 움직이지 않고 촬영하는 거지. 이 방법의 장점은 카메라가 가만히 있어서 시청자들이 너한테 집중하기 좋다는 거야. 하지만 카메라가 네 행동을 따라 움직이지는 않기 때문에, 너의 활동 반경에 제약이 있다는 점을 기억해야 해.

다른 사람이 찍어 주는 카메라

너 말고 다른 사람이 카메라를 들어 주면 네가 영상 내용을 진행하는 동안 카메라가 그 안에서 돌아다닐 수도 있고, 찍는 장소를 바꿀 수도 있어. 이 방법을 쓰면 자유롭게 움직일 수 있지만, 반드시 카메라로 촬영해 주는 사람이 있어야 하지. 그리고 카메라 촬영 기술은 사람마다 차이가 나기 때문에 잘 찍는 사람을 골라야 하겠지?

Q&A - 일상 유튜버 '스카이'

Q : 영상을 촬영할 때 보통 카메라를 어디에 두나요?

A : 방에 앉아서 영상을 촬영할 때는 방 가운데나 어느 특정 지점에 링 라이트 조명을 설치하고 거기에 카메라를 올려놔요. 아니면 내가 직접 카메라를 들고 촬영할 때도 있고, 눈높이가 닿는 곳이라면 어디든 놓기도 해요.

직접 들고 다니는 카메라

유튜버 중에는 걸어 다니면서 촬영을 하는 사람도 많아. 이런 유튜버들은 카메라를 어디든 갖고 다니며 촬영을 하지. 다른 활동을 하는 동안 카메라를 보면서 이야기를 하는 거야. 네가 신나는 걸 보여 주고 싶거나 어떤 곳을 돌아다니며 여행하는 영상을 촬영할 때는 이런 방법이 효과적이야. 하지만 네 카메라가 막 흔들리면 시청자들의 주의가 산만해질 수도 있어.

삼등분 법칙

삼등분 법칙이란 걸 쓰면 시청자들이 보기에 더 그럴듯한 영상을 만들 수 있어. 이게 뭔지 알려 줄게. 일단 카메라 화면을 보면서 앞에 보이는 광경을 3등분으로 나누어 선을 그어 봐. 각각 왼쪽에서 오른쪽으로, 위에서 아래로 세 부분으로 나누어 선을 그으면 아홉 개의 정사각형이 나오겠지? 그러면 이제 화면의 초점을 가운데가 아니라 살짝 한쪽으로 치우치게 하는 거야.

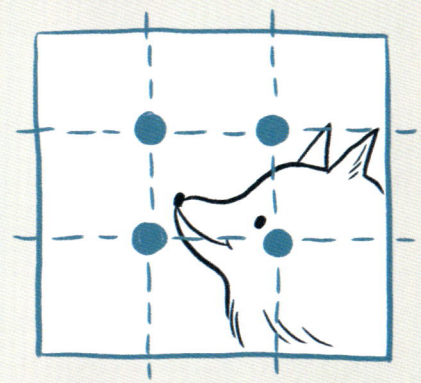

Q : 카메라에 가장 필요한 부가 장비는 뭐라고 생각하세요?

A : 앉아서 촬영하는 영상을 많이 찍을 거라면 제일 중요한 건 링 라이트 조명 같은 좋은 조명이에요. 반대로 돌아다니면서 영상을 찍으려면 가장 중요한 건 카메라 케이스와 목걸이 끈이죠! 그리고 어떤 영상을 만들든 플립 스크린(뒤집어서 촬영 장면을 확인할 수 있는 화면)이 있으면 아주 유용해요.

Q : 카메라를 들고 다니면서 촬영하기도 하나요?

A : 그럼요. 제 영상의 대부분은 돌아다니면서 촬영한 것이에요. 하지만 주의할 점이 있어요. 좋은 카메라가 있다면 상관없지만, 만약 스마트폰으로 촬영하는 경우는 화면이 심하게 흔들릴 수 있어요. 유튜버 중엔 매우 역동적인 영상을 찍는 분들도 있는데, 정말 대단하다고 생각해요. 실감 나는 영상으로 시청자들을 몰입시키니까요.

촬영 장소와 세트장

멋진 유튜브 영상을 만들려면 시각적인 요소들을 잘 배치하는 방법을 알아야 해. 그리고 시간을 조금만 투자해서 간단한 세트장을 만드는 것도 추천해. 구독자들이 너의 영상을 더 흥미롭게 볼 수 있을 거야.

초점은 어디에?

영상 촬영을 할 때 카메라의 초점을 어디에 맞춰야 할까? 아주 기본적인 세 가지 시각적 영역에 대해 알려 줄게.

근경

근경은 카메라에 가까운 곳을 말해. 바로 네가 있을 위치야. 너는 늘 근경에서 초점이 모이는 곳에 있는 거지. 예를 들어, 최근에 산 책을 보여 주고 그 내용을 이야기하는 영상을 찍는다고 해 보자. 책을 보여 주는 상황이라도 너는 근경에서 벗어나면 안 돼.

Q&A - 여행 유튜버 '로언'

Q : 촬영은 어디서 하나요?

A : 나는 내 방에서 촬영하는 편이에요. 거기에 조명 세트를 설치했거든요. 야외에서 촬영할 때는 재미있을 만한 곳에서 찍죠. 예를 들어, 다니는 사람이 많은 시내 중심가나 아름다운 풍경이 가득한 자연 같은 곳이요.

Q : 여기저기에서 촬영하면서 어쩔 수 없이 겪게 되는 문제가 있다면 무엇인가요?

A : 촬영할 때 날씨가 안 좋으면 계획을 망치게 되죠. 그래서 집을 나서기 전에 항상 날씨를 확인해요.

Q : 세트는 어떻게 꾸미나요?

A : 나의 관심사를 나타내는 작은 장식품들로 꾸미는 걸 좋아해요. 난 여행을 무척 좋아하기 때문에, 지구본이랑 낡은 카메라를 세트에 보이게 해 놨어요.

 원경

원경은 카메라에서 가장 멀리 떨어진 곳, 즉 배경이야. 벽이나 커다란 가구가 배경이 되는 경우가 많지. 배경은 반드시 깨끗하거나 흥미로워 보여야 해. 색감이 화려해도 좋지. 벗어 둔 옷 더미나 숙젯거리로 어지러운 탁자가 보여서 시청자들의 시선이 분산되는 건 너도 바라지 않을 테니까.

중경

이건 바로 네 뒤에 보이는 가운데 공간이야. 거기에는 의자나 작은 책장 같은 자그마한 '세트 소품'을 둘 수 있어. 너의 주제를 돋보이게 할 물건을 놓아도 좋아.

너 지금 어디야?

영상이 시작하는 도입부에 네가 촬영하는 장소가 어디인지 보여 줘. 시청자들에게 네가 어디에 사는지 알려 줄 필요는 없지만, 지금 네가 어디에 있는지는 보여 주는 게 좋아. 예를 들어, 과자 공장에서 촬영한다면, 안으로 들어가면서 공장 문을 찍는 거지. 또는 다이빙 보드 위에 앉아 있다면, 수영장 물 위로 달랑거리는 네 발을 찍는 식으로 말이야.

아이디어를 얻어 봐

네 주변을 탐험해 볼 좋은 기회야. 네게 영감을 주는 어떤 장소에 간다면 아주 특별한 영상이 탄생할 수도 있어. 물론 벽난로 앞에 앉아서 시청자들과 여유롭게 대화 나누는 모습을 보여 주는 것도 나쁘진 않아. 그래도 좀 더 다양한 장소를 생각해 봐. 어떤 장소에 가면 시청자들도 같이 재미있는 모험을 즐길 수 있을까? 찾아보면 멋진 곳이 아주 많아!

소품

소품을 사용하면 네가 촬영하는 세트에 활기를 불어넣고, 근사하게 보일 수 있어. 그러니 촬영을 하기 전에 필요한 소품을 전부 챙겨서 손 닿는 곳에 놓도록 해. 실제 촬영을 하기 전, 소품들이 화면에 어떻게 보이는지 시험 영상을 찍어 보는 연습을 해 봐.

실시간 라이브 방송하기

최근 들어 실시간 스트리밍 방송이 큰 인기를 끌고 있어. 그게 뭐냐면 영상을 촬영하면서 실시간으로 인터넷을 통해 그 영상을 방송하는 거야. 우리는 이제까지 주로 영상을 촬영한 다음 게시하는 방법을 알아봤잖아? 실시간 방송만이 가지고 있는 특별함도 한번 경험해 봐.

시청자 피드백
유튜브 같은 스트리밍 방송 플랫폼은 너와 시청자들이 서로 상호 작용할 수 있는 도구를 제공해. 시청자들은 네가 방송을 진행할 때 댓글을 달거나 이모티콘을 보낼 수 있어. 이를 통해 시청자들이 네가 방송하는 내용을 어떻게 느끼는지 알 수 있지.

실시간 채팅
스트리밍 플랫폼의 독특한 점은 바로 실시간 채팅이야. 실시간 스트리밍 방송을 하면, 시청자들 역시 실시간으로 너에게 말을 걸 수 있어. 시청자들은 자기들끼리 서로 토론을 하기도 해. 물론 너에게 질문을 하거나 다른 시청자들에게 댓글로 이야기를 하거나, 아니면 요청(리퀘스트)을 할 수도 있어.

동시 접속
실시간 스트리밍을 하다 보면 생길 수 있는 단점이 있어. 실시간 방송은 그 시간에 거기 있는 시청자만 볼 수 있다는 거야. 대부분의 플랫폼은 라이브가 끝나면 그 영상은 사라지게 해 놓았어. 하지만 너는 스트리밍했던 영상을 다운로드 받아서 편집한 다음 평소에 사용하는 유튜브 채널에 업로드할 수 있어.

화면 공유
만약 네가 컴퓨터로 실시간 스트리밍을 한다면, 네가 보고 있는 걸 시청자들도 볼 수 있게 화면을 공유할 수 있어. 예를 들어, 인기 있는 실시간 스트리머들은 게임을 하면서 그 화면을 실시간으로 시청자들과 공유하는 경우가 많아. 그러면 시청자들은 게임 플레이를 보면서 나오는 상황에 댓글을 달 수 있고, 게임 중인 스트리머에게 문제를 해결하는 팁을 주어서 계속 진행하게 도와줄 수도 있어.

조언과 문제점

- 실시간 스트리밍은 기기들을 세팅하는 게 더 복잡한 데다 성능 좋은 컴퓨터가 있어야 해. 그래서 전문적 기술이 더 많이 필요해.
- 실시간 방송을 하려면 하기 전에 미리 체계적으로 준비해야 해. 일단 방송을 시작하면 하다가 중간에 그만두고 다시 시작하는 게 쉽지 않기 때문이야.
- 방송이 끝나면 반드시 실시간 스트리밍 카메라를 꺼야 한다는 걸 명심해!
- 실시간 스트리밍은 모바일 기기를 가지고 움직이면서 할 수도 있어. 하지만 그 전에 너의 데이터 요금제를 확인하는 게 좋을 거야.

빛, 빛, 조명이 중요해!

영상에 조명을 넣자고 하면 무슨 생각이 들어? 혹시 조명을 하나만 켜 두어서 고즈넉하고 분위기가 은은한 세트를 상상하니? 아니면 영화 세트장처럼 환하게 켜 둔 조명이 떠오르니? 어쩌면 그냥 밖에 나가서 햇빛을 받는 모습을 그려 볼 수도 있겠지?

왜 조명이 필요할까?

조명이 있으면 분위기를 잡을 때 좋아. 너의 영상에 좀 더 예술적 효과를 주기도 하고. 하지만 가장 큰 이유는 바로 카메라의 집중 효과를 유지해 주기 때문이야.

네게 필요한 조명

멋있는 영상을 찍으려고 비싼 조명을 갖출 필요는 없어. 하지만 네가 어떤 종류의 영상을 찍고 싶은지에 따라 조명을 골라야 해. 그리고 네가 만드는 영상마다 항상 똑같은 조명을 쓸 필요도 없어. 네가 촬영할 장소를 잘 살펴봐. 거기에 자연광이 충분한지, 아니면 조명이 더 필요한지 알아봐. 손에 촬영 대본을 들고 시험 영상을 촬영한 다음 편집 소프트웨어에 넣어서 영상을 살펴보도록 해. 그리고 "이게 정말 내가 원했던 건가?" 하고 따져 봐. 만약 아니라면 다른 조명을 설치해서 다시 찍어 봐.

내게 딱 맞는 조명

조명의 종류

조명에는 다양한 종류가 있고, 각각의 조명은 다 다른 방식으로 쓸 수 있어. 어떤 조명이 제일 좋은지 하나 이상 시험해 보도록 해. 조명은 하나만 쓸 수 있는 게 아니고, 여러 개 쓸 수도 있어. 하지만 너만의 스타일은 언제나 일관성 있게 유지하는 걸 추천해.

간단한 인공조명

실내에서는 책상 스탠드 같은 간단한 조명을 사용해 봐. 어디에다 스탠드를 두어야 할지 잘 생각해 봐. 조명은 뒤에 둘 수도 있고, 네 얼굴 옆에 둘 수도 있어. 아예 저 멀리 두어서 공간 전체를 밝힐 수도 있지.

전문가용 인공조명

이건 50~51쪽에서 자세하게 살펴볼 거야. 일단 너의 유튜브 채널이 자리를 잘 잡았다면, 전문가용 조명을 갖추고 싶을 수도 있어. 이런 조명의 사용법을 잘 알아 두면 밤에도 아무도 모르게 촬영할 수 있게 될 거야!

야외 자연광

날씨가 좋고 맑은 날이라면 밖에서 촬영하는 건 어때? 하지만 여기서도 주의할 점이 있어. 태양 쪽으로 너의 얼굴이나 카메라를 마주 보게 해서는 안 돼. 화창한 날 나무 그늘에서 영상을 찍으면 행복한 분위기를 연출할 수 있어. 그리고 주로 밖에서 촬영할 생각이라면, 비 오는 날이나 겨울에는 어떻게 할 건지 꼭 생각해 놓아야 해.

실내 자연광

낮이라면 커다란 창문이 있는 방에 앉아서 촬영해 봐. 하지만 이때도 얼굴 정면으로 햇빛이 쏟아지는 건 좋지 않아. 내내 눈을 가늘게 뜨게 될 거야. 카메라 쪽에 햇빛이 바로 비치게 해서도 안 돼.

자연광

유튜버들은 대부분 간단한 조명과 장비를 사용해. 영상에 조명 효과를 넣는 가장 쉬운 방법은 바로 자연광을 이용하는 거야. 햇빛은 공짜인 데다, 네 영상을 아주 멋져 보이게 만들 수도 있거든!

자연광이 뭐야?

태양 빛이 바로 자연광이야. 자연광이 사방에서 완벽하게 들어오는 방이 있다면, 그보다 더 좋은 촬영 장소는 없어. 자연광이 비치는 곳에서는 제약도 없고 선택지도 많지. 배경이 마음에 들지 않으면 카메라 방향만 돌리고 다른 각도에서 영상을 찍으면 되니까. 얼마나 쉽니!

시작하는 방법

다른 유튜버들의 영상을 보면 텔레비전 프로그램이나 영화 수준으로 잘 찍은 것처럼 여겨질 수도 있어. 하지만 처음은 단순하게 시작하는 게 제일 좋아. 집 안을 둘러보면서 어떤 종류의 조명을 쏠 수 있는지 알아봐. 그러고 밖으로 나가서 다양한 장소를 돌아다니며 햇빛과 그림자가 어떻게 생기는지 알아봐. 하루 동안 장소를 마음껏 바꿔 보면서 다른 시간대에 촬영을 해 봐. 그러고 조명이 마음에 쏙 드는 장소가 어디인지 찾아봐.

자연광의 장점

- 햇빛은 공짜야.
- 어디서나 자유롭게 촬영할 수 있어. 동네 공원을 둘러보며 촬영하고 싶어? 좋아. 카페에 앉아서 시청자들에게 이야기하고 싶어? 문제없지.
- 네가 영상을 찍고 싶을 때면 조명을 굳이 준비하지 않아도 언제든 찍을 수 있어. 자연광은 완벽하니까.
- 좋은 자연광은 네 얼굴을 왜곡하지 않아. 그래서 시청자들과 같은 공간에 함께 있는 것처럼 보이게 돼.
- 만약 네가 바깥에서 촬영한다면, 조명 없이 장비를 최소화해서 갖고 다닐 수 있으니까 주변 시선을 덜 끌 수 있어.

Q&A - 여행 유튜버 '로언'

Q : 왜 자연광을 쓰나요?

A : 자연광은 인공조명이 쉽게 따라 할 수 없는 특별한 느낌을 줘요. 아침에 비치는 황금빛 여명을 받으며 촬영하면 아름다운 영상을 찍을 수 있지요.

자연광의 단점
- 낮 동안 영상 촬영을 모두 끝내야 해.
- 내 맘대로 날씨를 정할 순 없으니까, 자연광을 쓸 수 있을지 예측이 불가능하고 믿을 수가 없어.
- 햇빛이 너무 밝으면 작업하기 힘들 수 있어. 예쁘지 않게 그림자가 져서 얼굴이 이상하게 나올 수 있거든.
- 비가 오거나 흐리고 우중충한 날에는 원하는 것보다 더 어두운 영상을 찍게 될 수도 있어.

직사광선은 안 돼

직사광선은 피해야 한다는 걸 잊지 마. 햇빛을 곧바로 받는 게 좋아 보일 수도 있지만, 하늘에서 바로 내리쬐는 아주 밝은 빛은 카메라와 맞지 않아. 빛이 분산되거나 반사되는 곳을 찾아 앉도록 해. 나무 아래나 건물 그늘 같은 곳이 좋아.

Q : 조명 문제가 생기면 어떻게 해결하나요?

A : 촬영할 때 그늘이 지면 곤란하죠. 나는 영상을 찍을 때 야구 모자 같은 건 안 써요. 얼굴에 그늘이 생기니까요.

Q : 유튜브 영상 촬영을 할 때 가장 선호하는 시간은 언제인가요?

A : 해 질 녘이나 해 뜰 무렵에 촬영하면 자연광이 아주 좋아요. 하지만 창문이 있는 방 안에서 촬영할 때는 밤이 제일 좋지요. 밤에는 햇빛의 방해를 받지 않으니까 인공조명을 완벽하게 조절할 수 있거든요.

인공조명

좀 더 특별한 영상을 만들고 싶거나, 낮에 촬영할 수 없을 때는 인공조명이 필요해. 조명에는 기본적인 탁상용 스탠드부터 컴퓨터로 조절할 수 있는 조명까지 선택의 폭이 아주 다양하지. 네가 얼마나 돈을 많이 들일 수 있는지, 그리고 정말로 필요한 효과가 무엇인지에 따라 조명을 고를 수 있어.

우산 조명

학교에서 사진 촬영을 해 본 적이 있다면 이런 종류의 조명을 봤을지도 모르겠어. 이 조명은 커다란 우산 안에 환한 조명이 달린 모습이지. 이런 종류의 조명을 쓰는 사진작가가 많아. 가지고 다니기 쉽고 꽤 밝은 빛을 내기 때문이야. 촬영용 우산만 따로 구입할 수도 있고, 그건 꽤 저렴해.

링 라이트 조명

링 라이트 조명은 카메라의 렌즈를 둘러싸는 동그란 등이야. 이 조명은 크기도 다양하고 카메라나 모바일 기기의 바로 앞이나 뒤에 장착할 수 있어. 카메라에서 멀지 않은 곳에 앉아서 렌즈를 직접 바라보며 이야기하는 영상을 주로 촬영하는 유튜버들이 쓰면 여러모로 괜찮은 조명이지. 하지만 단점도 있어. 사물에 비치는 링 라이트 조명 빛이 너무 밝거나 딱딱한 느낌을 줄 수 있기 때문이야. 그러니 이 조명을 쓰려면 네 얼굴과 조명 사이에 적당한 거리가 어느 정도인지 알아내야 해.

소프트 박스 조명

영상을 찍을 때 네 얼굴을 비추는 조명이 여러 개 필요하다면 소프트 박스도 고려해 볼 수 있어. 이건 커다란 반사 상자에 하나 이상의 고출력 조명이 들어 있고 삼각대에 올려 쓰는 제품이야. 부피가 큰 상자 모양이지만, 이걸 쓰면 카메라에 더욱 부드러운 빛을 주지. 이런 스타일의 조명을 세워 세트장을 만든 다음 카메라에서 조금 떨어진 곳에 앉아서 촬영하면 돼.

LED 패널

납작한 LED 패널은 유튜버들이 최근에 쓰기 시작한 조명이야. 크기가 작고 LED 전구가 오래 가기 때문에 인기가 많지. 더 좋은 점은, 이 조명은 색과 밝기를 다양하게 바꿀 수 있다는 거야.

장점
- 조명 효과를 100% 제어할 수 있어.
- 촬영 세트를 마음대로 바꿀 수 있고, 언제든 찍을 수 있어.
- 조명으로 아주 멋진 효과를 만들어 낼 수 있어.

단점
- 이 중에는 비싼 조명이 있어.
- 무거운 장비를 많이 들고 다녀야 할지도 몰라.
- 촬영할 때마다 반드시 조명을 준비해야 해.

Q&A - 음악·문화 유튜버 '알렉산드라'

Q : 이제껏 사용했던 조명 중 가장 좋았던 건 무엇이었나요?

A : 나는 온라인에서 기본형 소프트 박스 조명을 두 개 샀어요. 그 두 개의 조명을 대각선으로 나를 바라보게 설치했죠. 눈에 바로 빛이 들어오지 않게요. 그러고 나와 떨어진 간격을 둘 다 똑같이 맞추었어요. 가끔 내 방 밝기보다 조명이 더 밝으면, 조명을 좀 더 은은하게 만들려고 한쪽 내지는 양쪽 조명을 모두 내 쪽이 아닌 천장 쪽으로 돌려놓기도 해요. 그러면 빛이 방 안에 흩어지면서 방에 있는 물건이 전반적으로 살짝 빛나게 되죠.

Q : 어떤 타입의 조명을 추천하나요?

A : 소프트 박스 조명이 써 본 것 중 제일 좋았어요. 기본형 세트를 온라인에서 살 수 있어요. 혼자서 설치하고 옮기기도 아주 쉽죠! 하지만 솔직히 말하면 대부분의 경우는 자연광이 제일 좋다고 생각해요.

Q : 조명을 설치할 때 다른 사람이 도와주나요?

A : 아뇨. 내가 혼자 다 해요!

조명 설치하기

어떤 조명을 고르고 어떻게 구성하든지, 일단 조명을 어떻게 설치하는지 알아야 해. 만약 스탠드 하나뿐이라면, 그걸 켜서 너한테 초점을 맞추기만 하면 설치가 끝난 거니까 촬영을 시작해도 되겠지. 하지만 조명을 두 개 이상 쓸 계획이라면, 세트장에 조명을 설치하는 가장 좋은 방법을 알려 줄게.

알아 두면 좋은 비법

- 다루기 복잡한 조명 장비를 샀다면 시간을 들여 연습해야 해. 조명이 두 개 이상이라면 설치 후에 꼭 시험 영상을 찍어 봐. 조명을 하나만 두고 찍을 때보다 빛이 너무 많이 들어온다는 걸 깨닫게 될 수도 있으니까.
- 카메라에 빛을 너무 많이 노출시키면 안 돼(너무 밝다는 뜻이야). 사물의 세세한 부분이 잘 보이지 않고 그저 하얗게만 보이거든.
- 영상에 빛을 너무 적게 노출시켜서도 안 돼(빛이 너무 없다는 뜻이야). 그러면 영상이 회색으로 보여서 색이 바래 보이고 깊이가 없어 보여.

3점 조명 방법 사용하기

인공조명이 필요한 영상을 촬영할 때는 3점 조명 방법만 알면 돼.

1. 키 라이트(주광)

이건 네가 사용할 조명 중 가장 센 조명을 뜻해. 가장 밝은 조명이 네 얼굴을 특정 각도로 비스듬히 비추게 두면 돼. 바로 네가 가장 자신 있는 얼굴 쪽으로 두고 불을 켜는 거야.

2. 필 라이트(보조광)

이건 키 라이트 반대쪽에 두는 조명인데, 밝기는 키 라이트의 절반으로 설정해야 해. 이 조명의 용도는 키 라이트 때문에 생기는 그림자를 없애거나 줄이는 거야.

3. 백 라이트(후광)

이 조명은 뒤쪽 벽에 두고 네 뒤통수를 비추는 거야. 이 조명을 쓰면 너와 뒤쪽 배경이 분리되어 보여서 영상에 입체감이 생겨.

색의 마법

조명을 더 재미있게 활용하는 방법은 색을 사용하는 거야. 색을 왜 쓰냐고? 쓴다면 어떻게 쓰냐고? 이제부터 알아보자!

색이 어쨌다는 거야?
색이 있으면 네가 뭐라 말하기 전부터 영상의 느낌을 알려 줄 수 있어. 영화감독들은 영화 장면을 설정할 때 색을 사용해서 관객들이 영화를 보며 느껴야 하는 감정이 무엇인지 알려 주는 경우가 많아.

색을 더하는 방법
네가 만드는 영상에 색을 추가하는 방법은 많이 있어. 몇 가지를 알려 줄게.

- 전등 위에 색깔 천을 걸어 봐.
- 쉽게 넣다 뺐다 할 수 있는 색상 전구를 몇 개 골라 놔.
- 색깔 있는 벽에 흰색 조명을 비추면 영상에 은은한 색조가 생길 수 있어.
- '컬러 젤'을 써 봐. 이건 '컬러 필터'라고도 하는데, 색깔 있는 반투명한 카드라고 보면 돼. 이걸 조명 앞에다 두고 빛이 통과하게 두는 거야.

주의할 점이 있어. 조명 위에 불에 탈 수 있는 건 절대로 올려놓지 마. 진짜 불이 나기라도 해서 화면에 불꽃이 막 넘실거린다면, 아무도 좋아하지 않을 거라고!

색에 따른 분위기
색은 원하는 대로 고르면 돼. 그래도 색으로 분위기를 조절하는 몇 가지 아이디어를 알려 줄게. 물론 같은 색이라도 문화권에 따라서 다른 방식으로 해석할 수 있다는 걸 명심해. 그러니 네가 색을 사용할 때는 시청자들을 염두에 두도록 해!

빨강
시청자들을 신나게 하고 싶다면, 다양한 색조의 빨간색을 써 봐. 빨간색은 힘과 분노를 상징하기도 해.

분홍
분홍색은 순수한 느낌을 주지. 때로는 장난기를 보여 줄 수도 있어!

주황
주황색은 행복과 따스한 느낌을 주는 좋은 색이야.

노랑
노란색은 네 영상에 희망과 기쁨의 분위기를 줄 수 있어.

초록
자연을 표현하고 싶다면 초록색을 써 보는 게 어때? 어두운 톤의 초록색을 쓰면 신비스럽고 으스스한 느낌을 불러일으키지.

파랑
영상 느낌을 차분하게 만들고 싶다면, 여러 색조의 파란색을 사용해 봐.

보라
역사적으로 보라색은 왕족이 쓰던 색으로 사치스러움을 상징해. 파란색과 마찬가지로 밝은 색조의 보라색을 쓰면 평온한 느낌을 줄 수 있어.

색 없음
색을 제거해서 영상을 흑백으로 찍는다면 아주 진지한 느낌을 주지. 심지어 불길한 분위기가 나타날 수도 있어.

자, 오디오다!

어떤 소리가 들릴까?

오디오(음향)란 건 단순히 네가 하는 말을 시청자들에게 또렷이 들려주는 게 전부가 아니야. 너는 영상 편집기의 오디오 트랙을 사용해서 소리를 이것저것 다뤄 보며 다양한 효과를 만들 수 있어. 해설을 할 수도 있고, 음향 효과를 입힐 수도 있고, 음악을 넣을 수도 있지!

오디오 녹음은 어떻게 할까?

카메라에는 대부분 마이크가 내장되어 있지만, 주변 환경에서 들려오는 이상한 잡음까지도 녹음될 가능성이 커. 녹음을 정말 잘하고 싶다면, 카메라에 외장 마이크를 다는 것도 하나의 방법일 수 있어. 외장 마이크를 꽂으려면, 일단 내장 마이크는 꺼 놔야 해. 시험 영상을 조금 촬영해 본 다음 다시 돌려 보며 음향을 시험해 봐.

명심할 점이 있어.
외장 마이크는 영상에 보이지 않도록 설치해.
삐죽 튀어나온 마이크는 보기 좋지 않아!

녹음 준비하기

어떤 마이크를 사용하든 최상의 음향을 얻기 위해서는 마이크를 제대로 설치해야 해. 네가 원하는 소리(그러니까 너의 목소리)는 꼭 들어가야 하고, 네가 원하지 않는 소리(바람 소리나 지나가는 차 소리 등)는 빼야 할 테니까.

마이크 배치

외장 마이크는 카메라 앞이나 옆에 두도록 해. 그래서 너의 목소리를 분명하게 녹음하도록 말이야. 제일 좋은 음향 녹음 위치를 알아보려면 몇 번 시험 삼아 녹화를 해 보는 게 좋아.

보이게 하라

날씨가 안 좋을 때, 텔레비전 리포터들은 손에 들고 사용하는 핸드헬드 마이크를 써. 그래야 목소리가 잘 들리거든. 마이크를 보이게 잡고 하는 건 최상의 음성 녹음을 하기 위한 현실적인 선택지야. 또 마이크를 잡고 있으면 지금 녹음을 하고 있다는 티가 확실히 나기도 해.

깨끗한 오디오를 위한 방음 장치

모든 장소에는 저마다 다른 소리가 생겨. 바깥에 나가서 녹음을 하면 집 거실에서 녹음을 하는 것과는 같은 마이크라도 무척 다른 결과가 나와. 마이크의 녹음 품질은 주변 환경의 영향을 받거든. 녹음 스튜디오에서는 소리가 울리지 않게 하려고 표면이 울퉁불퉁한 방음재를 많이 사용해. 너도 거기서 아이디어를 얻어서 방음을 시도해 볼 수 있어. 바닥이나 벽이 매끈하지 않은 공간을 찾아봐. 아니면 네가 직접 담요를 깔거나 덮어서 소리를 죽이는 방법도 있어.

마이크의 종류

소리를 좀 더 효과적으로 조절하고 싶다면, 다른 녹음 도구들을 써 보는 것도 생각해 봐. 하지만 네가 영상 촬영을 시작한 지 얼마 되지 않았다면, 뭐가 필요한지 알아내기 전까지는 돈을 많이 쓰지 않도록 해.

모바일 기기의 이어폰

핸드폰을 녹음 장치로 사용할 때는 이어폰을 라발리에 마이크처럼 쓸 수 있어. (라발리에 마이크는 59쪽에 설명이 나와 있어). 유튜버들 중에서는 옷 속에 이어폰을 끼워서 카메라에 마이크가 안 보이게 숨기는 사람도 있어. 완벽한 도구라고 할 수는 없겠지만 초보 유튜버가 쓰기에 저렴하고 좋은 방법이지.

핸드헬드 마이크

네가 좋아하는 가수들이 무대에서 사용하는 마이크가 바로 이거야. 학생들 앞에서 훈화하는 교장 선생님도 이 마이크를 쓰지. 이건 콘덴서 마이크라고도 하는데, 바로 앞에서 나는 소리만을 곧바로 잡아내도록 설계된 마이크라 입 가까이 대고 사용하는 거야. 그래서 사람의 목소리를 녹음하기 제일 좋아. 게다가 잘 망가지지도 않지!

라발리에 마이크

라발리에 마이크는 핸드헬드 마이크와는 달라. 이건 손으로 잡을 필요가 없지. 옷에다 클립으로 고정시킬 수 있을 정도로 작은 마이크거든. 기자들이 사람들과 장시간 인터뷰할 때나 방송에서 연예인들이 쓰는 것을 텔레비전에서 본 적이 있을 거야. 라발리에 마이크를 착용하면 이동하기에 좋고, 심지어 춤추는 것도 어렵지 않아!

휴대용 보이스 레코더

만약 좀 더 자유롭게 움직이고 싶다면 보이스 레코더를 쓰는 것도 생각해 봐. 이건 꽤 비싼 마이크인데, 장점은 카메라에 연결할 필요가 없어서 오디오를 따로 녹음할 수 있다는 거야. 하지만 아주 민감한 기기이기 때문에 종종 배경 소음까지도 녹음이 돼. 그러니 최상의 결과를 얻으려면 연습이 필요해.

샷건 마이크

카메라 위에 부착해서 쓸 수 있는 샷건 마이크는 긴 원통처럼 생겼어. 그 원통을 소리 나는 곳으로 향해 놓으면 돼. 영화 제작자들은 액션 장면을 찍을 때 종종 샷건 마이크를 써서 오디오 녹음을 해. 보통 샷건 마이크에 보호용 스펀지 커버나 윈드실드를 씌워 바람 소리가 녹음되는 걸 방지하지. 이 마이크를 들고 소리 나는 곳에 아주 가까이 대어서 최상의 음향을 얻을 수도 있어.

오디오 믹싱

녹화 영상에서 소리가 어떻게 나는지 검토하고 싶다면 눈을 감고 재생 버튼을 눌러 봐. 소리가 마음에 들어? 만약 아니라고 해도 걱정하지 마! 녹음된 다음에도 음향을 향상시키는 몇 가지 방법이 있으니까.

촬영한 다음 녹음하기

영상 편집을 시작해 보면, 녹음된 오디오 품질이 그다지 좋지 않다는 걸 알게 될 거야. 이 문제를 해결하려면 네가 촬영했던 원래 장소로 돌아가서 새로 사운드 트랙을 녹음하거나, 아니면 집에서 새로 재녹음을 하면 돼. 그런 다음 영상 편집을 하면서 새로운 오디오를 네 영상에 추가하는 거야.

음향 효과 추가하기

편집 능력이 좋다면 특별한 효과음이나 음향 신호를 넣고 싶을 거야. 추가로 효과음을 넣어 주면, 지금 무슨 일이 일어나고 있는지 시청자들이 이해하는 데 도움이 되지. 하지만 이런 효과음을 너무 많이 넣지는 마. 시청자들이 산만해지거나 당황할 수도 있거든. 그건 너도 원하지 않겠지?

음악 넣기

멋있는 텔레비전 프로그램이나 영화를 보면 알 수 있듯이, 몇 마디 말을 하는 것보다 배경 음악을 하나 넣는 것이 영상의 분위기를 더욱 멋지게 만들어 주지. 배경 음악이 있으면 영상의 분위기가 한층 살아나고, 너의 콘텐츠를 보는 시청자들의 집중력이 더 향상돼. 소리는 너와 시청자들을 연결해 주는 강력한 방법이야.

오디오를 추가할 때는 반드시 소리 크기를 조절해야 해. 추가한 소리가 너무 커서 네 목소리가 안 들리게 되거나, 반대로 너무 조용해서 지금 무엇이 방송되고 있는지 분명하게 들리지 않는다면 곤란하니까.

음악으로 분위기 띄우기

네가 실험해 볼 만한 음악과 음향 효과에 대해 몇 가지 아이디어를 알려 줄게. 잊지 마, 때로는 음악을 조금 넣는 게 많이 넣는 것보다 효과가 좋다는 걸!

무서운 분위기

만약 핼러윈 영상을 찍을 거라면, 소름 끼치는 오케스트라 반주에 삐걱대는 문소리나 쇠사슬이 철컹거리는 소리, 비명 소리 같은 음향 효과를 추가해 봐.

슬픈 분위기

슬픈 주제에 대해서 말하고 싶다면, 너의 시청자들에게 있었던 경험을 강렬하게 만들어 줄 부드러운 음악이나 느린 음악을 넣어 봐. 분위기를 진지하게 만들고 싶다면, 따로 음향 효과는 넣지 않는 게 좋아.

행복한 분위기

사람들이 듣기에 즐겁고 활기찬 기운을 주는 박자 빠른 음악이 제일 좋아. 네가 들으면서 웃을 수 있는 음악이라면, 아마 시청자들도 비슷하게 느낄 거야.

신나는 분위기

빠른 속도의 경주나 스키 여행같이 신나는 주제로 리뷰 영상을 찍는다면, 카메라 화면에 나오는 스릴 넘치는 액션에 걸맞게 빠른 음악을 넣어 봐.

저작권 알아 두기

영상에 음악을 입히는 건 재미있지. 하지만 인기 있는 음악은 대부분 저작권의 보호를 받는다는 걸 명심해. 그 음악은 소유자가 있어서 쓰려면 반드시 허락을 받거나 저작권료를 지불해야 돼. 사용 권리를 얻지 않고 함부로 노래를 사용한다면, 네 영상이 유튜브에서 차단되거나 노래의 소유자가 너에게 보상을 요구할 수도 있어.

선택 사항

노래 원작자에게 연락하기

원작자나 음악가가 소속된 회사에 이메일을 보내. 하지만 아주 유명한 사람들은 바쁘기 때문에, 그들의 음악을 사용할 수 있는 다른 방법을 찾아야 할 수도 있어.

음악 라이브러리 이용권을 구입하기

음악을 쓰는 데 약간의 요금을 내야 하겠지만, 라이브러리에는 네가 관심을 가질 만한 인기 곡들이 주로 있어. 얼마나 많은 곡을 쓰느냐, 또 어디에 올릴 계획이냐에 따라 지불하는 금액은 달라져. 예를 들어, 텔레비전 프로그램이나 광고에서 사용할 때의 가격은 유튜브 영상에 사용할 때보다 훨씬 더 비싸.

무료 음악 라이브러리 이용하기

공짜로 이용할 수 있는 무료 음악 데이터베이스를 검색해 봐.

저작권 보호 기간이 만료된 (퍼블릭 도메인) 음악 이용하기

이런 음악은 허락을 구하지 않고 누구나 자유롭게 사용할 수 있어.

직접 음악을 녹음하기

만약 네가 악기를 연주하거나, 직접 노래하거나, 작곡 소프트웨어를 사용할 수 있다면 너만의 노래를 만들어서 녹음할 수 있어. 너에게 좀 어려운 주문일 수도 있지만, 이렇게 직접 하는 유튜버들도 찾아보면 얼마든지 있다고!

Q&A - 패션·코미디·일상 유튜버 '팻마'

Q : 영상에 올리는 소리는 어떻게 녹음하나요?

A : 더 좋은 음질을 얻기 위해서 나는 외장 마이크를 카메라에 장착해서 써요.

Q : 음악을 사용하나요? 그렇다면 음원은 어디서 얻어요?

A : 난 음악을 사용해요. 다양한 노래를 사용하는 편이에요. 가끔 나는 유튜브에서 제공하는 저작권이 없는 음악을 사용하기도 하고, 새로 나온 음악의 원작자들에게 연락해서 내 유튜브에서 노출시켜 줄 테니 곡을 사용하게 해 달라고 부탁하기도 해요.

Q : 영상에 효과음을 넣나요?

A : 네! 나도 그렇고, 시청자들도 효과음을 좋아해요. 웃긴 효과음이 있으면 영상이 훨씬 재미있어지거든요.

촬영 후 편집

네가 찍은 영상이 그대로도 완벽하다고 생각할 수도 있어. 하지만 촬영 후 편집 과정을 거치면서 잘라 낼 부분은 자르고 편집하면, 훨씬 더 시청자들이 보기 좋은 영상이 될 수 있어. 그러니 편집 과정에 대해 알아 두면 좋을 거야.

긴장감 고조시키기

시청자들이 네 이야기를 더욱 잘 이해하게 만들려면, 소개 부분과 결론 부분을 영상에 넣을 수 있어. '오프닝'과 '엔딩' 부분을 마련하는 거지. 네가 영상을 이것저것 짜 맞추어 편집할 때는, 오프닝 타이틀과 엔딩 시퀀스를 사용해서 사람들에게 네 영상의 스타일을 알려 줄 수도 있고 항상 일정한 스타일과 느낌을 유지할 수도 있어.

'오프닝 타이틀'

"BMX 자전거 타 보기"

자르고 붙이고

만약 네 이야기에 살짝 보강이 필요하다면?

네가 만든 영상에 넣을 부가적인 시각 자료가 필요할 때도 있어. 네가 직접 촬영하지 않은 자료들을 보여 주고 싶을 때가 있잖아. 이런 경우에는 온라인에서 부가 자료(영상이나 오디오나 이미지 등)를 찾아서 네 영상에 넣을 수 있어. 자유롭게 쓸 수 있는, 저작권이 없는(퍼블릭 도메인) 자료가 아주 많이 있어.

너의 이야기를 들려줘

막상 영상을 편집하려니 길을 잃은 것 같다고? 일단 영상 클립들은 눈앞에 잔뜩 있는데, 무슨 말을 해야 할지 점점 더 어려워지는 거지. 그건 너한테 선택지가 너무 많아서 그럴 수도 있어. 우선 너의 원래 계획이 무엇이었는지 떠올려 봐. 그 계획이 좋았다면 그대로 해. 네가 생각하기에 시청자들이 제일 반응할 것 같은 게 있다면, 너의 본능을 따라가.

'엔딩 시퀀스'

"시청해 주셔서 고맙습니다."

최고의 팁

영상을 편집할 때는 네가 봤던 다른 유튜버들의 영상을 떠올리고 그들이 어떻게 편집했는지 생각해 봐. 편집 방향을 결정할 때는, 이게 과연 내가 보고 싶은 영상인지 생각했을 때 그렇다는 느낌이 드는 쪽으로 해야 해.

영상 편집 소프트웨어

촬영한 다음 편집을 하려면, 영상 편집 소프트웨어 사용법을 배워야겠지. 편집에 능숙한 유튜버들의 영상을 따라 하고 싶겠지만, 먼저 간단하게 시작해 보는 게 제일 좋아.

이미 가지고 있는 소프트웨어

네가 쓰는 컴퓨터가 있다면, 제일 먼저 할 일은 편집 소프트웨어가 있나 확인해 보는 거야. 컴퓨터에 깔려 있는 소프트웨어는 아마 가장 기본적인 기능만을 제공하겠지만, 아주 좋은 출발점이 될 수 있어. 그걸로 익힌 기술은 앞으로 사용할 편집 소프트웨어가 무엇이든 계속 이어서 사용할 수 있거든.

스마트폰이나 태블릿을 이용한 최소한의 편집

스마트폰이나 태블릿에는 종종 영상 편집 기능이 내장되어 있어. 하지만 그런 건 아주 단순한 버전이라서, 편집을 해도 엄청나게 발전된 결과물이 나오지는 않아. 물론 기능이 많은 앱을 깔 수도 있겠지만, 먼저 몇 가지 프로그램들을 시험해 본 다음에 너한테 딱 맞는 걸 골라서 설치하는 게 좋아.

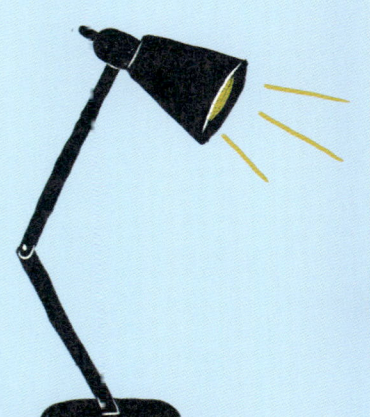

'애플 아이무비' 사용하기

애플의 운영 시스템에는 아이무비(iMovie)라는 프로그램이 있어. 이걸 쓰면 영상 클립을 편집해서 영상을 만들 수 있지. 템플릿과 테마도 있고, 사운드트랙도 있어서 네 영상을 보기 좋게 꾸미는 연습을 해 볼 수 있어.

'마이크로소프트 사진' 이용해서 편집하기

마이크로소프트 윈도우 10에는 사진(Photo) 앱이 있어. 이건 꼭 사진첩 같다고 오해하기 쉽지만, 사실은 기본적인 영상 편집도 가능한 프로그램이야. 사진 앱을 실행해서 영상 클립과 사진을 스토리보드 타임라인에 넣고 새로운 영상을 만들어 봐. 거기에는 영상을 빨리 짜 맞출 수 있는 편리한 테마도 있어.

오픈 소스 프로그램

만약 컴퓨터에 프로그램이 깔려 있지 않다면 인터넷에서 무료로 다운로드 받을 수 있는 소프트웨어가 있어. 이런 걸 '오픈 소스 프로그램'이라고 하는데, 자신의 시간과 전문 지식을 들여서 훌륭한 소프트웨어를 만들고 배포하는 자원봉사자들 덕분이지. 오픈 소스를 얻을 수 있는 링크는 이 책의 95쪽 끝부분에 나와 있어.

Q&A - 음악·문화 유튜버 '알렉산드라'

Q : 써 본 것 중에 가장 좋았던 편집 소프트웨어는 무엇이었나요?

A : 나는 아이무비만 쭉 써 왔어요. 더 비싼 프로그램을 살 돈은 없거든요.

Q : 초보자에게 가장 좋은 소프트웨어는 어떤 걸까요?

A : 나라면 아이무비가 초보자에게 제일 좋다고 추천할 거예요! 이건 다루기 복잡하지 않으니까요. 알고 보면 그 프로그램으로도 충분히 재미있는 영상을 만들어 낼 수 있어요.

Q : 영상 편집을 어려움 없이 하기까지는 얼마나 시간이 걸리나요?

A : 나는 혼자서 영상 편집을 하기 전에 이미 십 대 때 학교에서 두 번 정도 해 본 적이 있어요. 그렇게 배우니까 아주 빨리 익히게 되더라고요! 영상 편집 자체는 별로 어렵지 않아요. 정말 어려운 건 나만의 스타일을 만드는 거죠.

영상 편집의 기초

일단 편집 프로그램으로 영상 클립, 이미지, 오디오 트랙을 사용하는 원리를 이해하면 영상 편집은 아주 간단해. 이 프로그램을 사용해서 네가 찍은 것을 작은 덩어리로 자르고, 재배치한 다음 겹겹이 배치해서 최종 영상으로 내놓게 되는 거야.

오리고 붙이기

원래 영상 편집은 실제로 오리고 붙이는 과정을 거쳤어. 옛날 편집자들은 제각각 촬영한 장면들을 모아 하나의 긴 영상을 만들기 위해, 필름 조각을 자르고 테이프로 붙여서 다양한 순서로 재배치했어. 이렇게 이어 붙인 필름을 프로젝터라는 기계에 넣고 재생해서 스크린에 비추는 거야. 그럼 움직이는 그림, 즉 영상이 되는 거지. 이렇게 필름을 편집하는 작업은 몇 시간은 물론이고 심하면 며칠이나 몇 주까지도 걸리곤 했어.

활동사진

영화는 옛날에 '활동사진'이라는 이름으로 불렸어. 역사상 최초의 단편 영화는 고정된 카메라로 단 한 장면만을 촬영해서 제작했어. 당시 사람들은 영화의 움직이는 화면을 참 신기하게 여겼기 때문에 그것만으로도 충분히 영화에 빠져들었지. 그 후로 시간이 지나면서 영화 제작의 선구자들은 다양한 장면을 통해 이야기를 들려주고, 또 그런 장면들을 합쳐서 더 긴 영화를 만들어 내는 실험을 시작했지.

디지털 영상 편집

요즘 영상 편집에도 여전히 자르고 붙여 넣기가 있지만, 이제는 직접 오려 붙이는 게 아니라 디지털 방식으로 짧은 영상 클립들을 넣고 빼서 원하는 모습의 영상을 완성하지. 디지털 소프트웨어를 사용하면 각각의 이미지 클립이나 오디오 클립을 추가하는 것도 할 수 있어.

자, 이제 편집한 영상을 한번 봐 볼까! 이게 감독판이라고!

디지털 방식이 더 좋은 이유

- 저장해 놓기만 한다면 언제든지 편집하기 전 영상을 다시 확인할 수 있어.
- 영상 클립이나 이미지 클립, 오디오 클립을 얼마든지 추가할 수 있어.
- 클립의 순서를 변경할 수 있어.
- 화면 전환을 사용하고 특수 효과를 넣을 수 있어.
- 재편집 감독판이나 모두를 웃길 NG 영상 등 다양한 편집 버전을 만들 수 있어!

타임라인 이용법

디지털 영상 편집기라면 어느 것이든 클립 타임라인 기능이 있어. 영상 클립을 타임라인으로 끌어다 네가 고른 순서대로 정렬할 수 있는 아주 편리한 기능이지. 보통 타임라인은 편집기 아래에 표시가 되고, 영상의 시작 부분부터 왼쪽에서 오른쪽으로 시간을 나타내.

시작부터 끝까지 순서대로 편집하기

타임라인에 클립을 추가할 때는 너의 영상 내용에 시작과 끝이 있다는 것을 염두에 두도록 해. 시청자들은 사건이 논리적으로 진행되기를 바라기 때문에 꼭 필요한 경우가 아니면 시간 순서를 지켜. 머리를 쓴답시고 시간 순서를 마구 섞어서 배열해서는 안 돼. 만약 시간 순서를 바꾸고 싶다면, 추가 음성이나 영상을 따로 녹화해서 진행 상황을 설명하도록 해.

'순서대로'의 예시

첫 번째 클립 다음에는 시간상 그 뒤에 일어나는 클립이 있어야 해. 예를 들어, 가족과 함께 저녁을 먹는 영상을 찍는다면 무엇을 보여 줄지 생각해 볼까?

클립 1: 언니가 수저를 놓는다.
클립 2: 부모님이 부엌에서 요리하고 계신다.
클립 3: 모두 앉아서 식사를 한다.
클립 4: 다들 오늘 하루를 어떻게 보냈는지 대화를 나눈다. 가족 중 한 명이 웃긴 얘기를 해서 다른 식구들이 웃는다.
클립 5: 너와 남동생이 설거지를 한다.

레이어 사용하기

레이어는 화면을 겹쳐서 차곡차곡 쌓는 걸 말하는데, 보통 트랙이라고 불러. 타임라인을 보면 여러 개의 트랙을 사용할 수 있다는 게 보일 거야. 이 말은 기본적으로 두 개의 영상 클립이 동시에 재생된다는 의미인데, 하나를 아래에 두고, 다른 하나를 위에 두는 거지. 예를 들면 이래. 네가 찍은 영상 중에 밤하늘 장면이 하나 있는데, 거기에다 폭발 장면을 넣어서 외계인이 침공했다는 이야기를 하고 싶다고 하자. 그러려면 밤하늘 영상 클립을 첫 번째 트랙에 두고, 폭발 영상 클립을 두 번째 트랙에 두는 거야. 그런 다음 영상을 재생하면 밤하늘이 보이면서 그 밤하늘 화면 위로 폭발 화면이 보이는 거야.

Q&A - 일상 유튜버 '스카이'

Q : 어떤 클립을 제일 먼저 쓸지는 어떻게 정하나요?

A : 제일 중요하게 기억해야 할 점은 바로 시청자들이 금방 지루해한다는 거예요. 그래서 영상 처음에는 언제나 시선을 확 끄는 클립(후크 클립)을 넣어야 해요. 나중에 일어날 일이든, 시청자 팬들을 깜짝 놀라게 할 내용이든, 아니면 결말의 암시든 상관없어요. 시청자들의 호기심을 불러일으켜서 다음에 무슨 일이 일어날지 보고 싶게 만들어야 해요!

Q : 시작하기 전에 먼저 편집 사항을 종이에 적어서 계획하시나요?

A : 종이에 편집 계획을 적어 놓지는 않아요. 하지만 가끔 영상 섬네일 계획은 종이로 적어 두기도 해요! 섬네일은 영상에 아주 중요하거든요. 사람들은 주로 섬네일을 보고서 이 영상을 볼지 말지 판단하기 때문에 어떻게 만들지 계획을 짜서 어딜 봐도 완벽하게 만드는 게 아주 중요해요.

Q : 편집을 하면서 배웠던 가장 중요한 점은 무엇인가요?

A : 소프트웨어로 영상을 편집한 다음 컴퓨터에 저장할 때는 세팅이 가장 고품질에 맞추어져 있어서 최고의 품질로 압축되도록 해야 한다는 걸 명심해야 해요.

컷 선택하기

유튜브 영상 편집을 할 때는, 영상을 어디서 시작하고 어디서 끝낼지 결정해야 해. 영상으로 스토리텔링을 할 때 일반적으로 사용하는 몇 가지 유형의 컷이 있어. 하지만 우선은 딱 하나만 기억해도 괜찮아. 언제나 너의 이야기는 시간 순서에 따라 앞으로 진행되어야 한다는 거야.

스탠다드 컷(기본)

이건 영상 클립들을 차례대로 배치해서 시간을 뛰어넘지 않고 쭉 보여 주는 거야. 마치 실시간 영상처럼 보이게 말이야. 숏을 특정한 순서로 배열해서 이야기를 들려줄 때도 스탠다드 컷을 사용할 수 있어.

점프 컷(기본)

영상 클립을 한 장면에서 다른 장면으로 확 뛰어넘을 수도 있어. 보통 이런 점프 컷은 잠시 뒤의 상황을 보여 줄 때 쓰지만, 경우에 따라서 몇 분이나 몇 시간 후의 상황으로 넘어갈 수도 있지. 예를 들어, 아침에 자고 있던 방에서 욕실로 장면을 전환할 수도 있고, 아니면 아침 식사 장면에서 곧바로 그날 저녁 학교에서 돌아오는 장면으로 뛰어넘을 수도 있지.

컷어웨이(기본)

컷어웨이란 연속적으로 이어지는 영상 중간에 상대방의 리액션이나 주변의 다른 장면을 넣는 편집 방법이야. 예를 들어, 네가 영상에서 다른 사람이랑 대화하는 척 1인 2역을 연기하는 장면을 넣고 싶다면? 두 장면 사이 사이를 잘라 내 교차시키면 되는 거지!

몽타주(고급)

몽타주 방식은 이야기를 제시간에 빨리 진행하기 위해 클립 사이를 빠르게 잘라 내는 거야. 예를 들어 쿠키 굽는 영상을 만들 때 과정을 압축하려면 몽타주 기법을 쓰면 되지. 약 15초 안에 재료를 섞고, 반죽을 걷어 내고, 베이킹 시트에 쿠키를 넣고, 오븐에서 구운 다음, 완성된 쿠키를 맛보는 장면이 다 들어갈 수 있으니까!

L컷과 J컷(고급)

L컷과 J컷 기법은 영상의 오디오와 화면을 일부러 일치하지 않게 만드는 거야. L컷은 이전 클립의 음성이 끝나지 않았는데 화면은 다음의 새로운 클립이 나오게 두는 거야(편집 프로그램에서 보면 L자처럼 보여서 이런 이름이 붙었어). 예를 들어, 비행기 이륙 장면을 상상해 봐. 오디오는 네가 부모님께 인사하는 목소리가 나오는 도중인데, 비행기는 하늘로 날아가 버리는 거지. 반대로 J컷은 이전 클립의 영상이 여전히 이어지는데 음성은 새로 나오는 거야(이건 프로그램에서 J자처럼 보여). 예를 들어, 영상에서는 날씨 좋은 날 바깥에서 누가 춤을 추고 있는데, 춤이 아직 끝나지 않은 시점에서 음향에서는 벌써 천둥 치는 소리가 나는 거지.

오디오 추가하는 법

디지털 영상 편집기를 쓰면 오디오를 따로 편집할 수 있어. 영상과 오디오를 함께 녹음했더라도, 둘을 따로 떼어 내어 문제가 있는 음향 부분을 고칠 수 있지.

오디오 정리하기

영상 편집기에서 오디오 트랙을 추출해서 정리하거나 변경할 수 있어. 예를 들어, 생일 파티 클립을 검토해 봤는데, 밖에서 누가 떠드는 소리가 들리는 거야. 이럴 때 영상에서 아무 소리도 안 나는 게 더 낫다고 생각이 들면, 영상 편집기를 사용해서 그 부분을 음소거 처리하거나, 그 부분의 오디오를 영상에서 완전히 잘라 낼 수도 있어. 좀 더 전문적으로 하고 싶다면, 오디오를 추출해서 오디오만 특수하게 편집하는 프로그램에서 편집하는 거야. 그런 다음 네가 원하는 대로 수정한 오디오를 영상 편집기에 다시 넣는 거지.

오디오 음량

어떤 영상을 편집하든 음량은 아주 중요해. 소리는 항상 일정하게 유지해야 해. 갑자기 소리가 커져서 시청자들의 고각이 상하면 안 되니까. 음량은 (영상 편집기나 오디오 편집기를 사용해서) 적정한 수준으로 조정할 수 있어. 이런 세부 사항에 신경을 쓸수록 네 영상의 수준이 올라갈 거야.

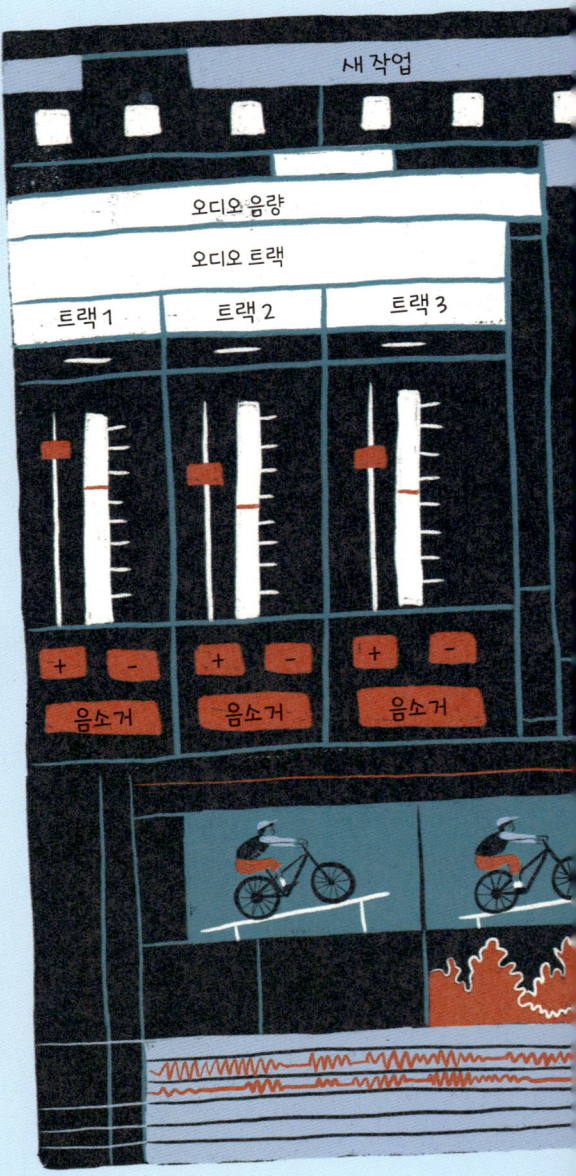

다양하게 연습해 봐

어떤 방식이 제일 좋은지 알아보는 최고의 방법은 연습이야. 시험 영상을 촬영한 다음 자르고 편집해 봐.

세 가지 버전으로 만들어 봐

1. 녹음한 소리만 나오도록 만든다.
2. 영상 해설만 빼고 모든 소리를 없애 본다.
3. 녹음한 소리와 영상 해설을 합쳐 본다.

어떤 버전이 제일 마음에 들어?

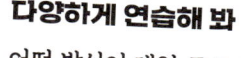

편집   BMX 자전거 타 보기

영상을 올릴 플랫폼

네가 편집한 영상이 마음에 들면, 이제는 영상을 올리고 공유할 수 있는 플랫폼들을 살펴보자. 유튜브는 물론이고 그 외에도 다양한 플랫폼들이 있어. 긴 영상을 올리기에 좋은 곳이 있고, 실시간 스트리밍하기에 좋은 곳이 있고, 짧은 영상을 올리기에 적합한 곳이 다 따로 있지. 더욱 다양한 구독자를 모으고 싶다면 플랫폼 여러 군데에 올려도 상관없어.

꼭 알아 둬

일을 간단하게 하려면, 일단 네가 주로 사용할 영상 플랫폼을 하나 골라서 사용해. 그리고 나머지 플랫폼에는 특별 영상들만 올리는 방법도 있어.

유튜브 가입

이제 영상 플랫폼 세계에 뛰어들어서 놀 준비가 됐니? 그러면 이제 유튜브 계정을 만들어 봐. 다른 곳도 대부분 마찬가지인데, 계정을 만들려면 이메일 주소와 닉네임과 비밀번호가 있어야 해. 계정을 만들려면 일단 youtube.com에 접속해서 로그인 버튼을 눌러 봐. 네 정보를 입력하면 그 계정으로 유튜브에 접속할 수 있어.

다른 플랫폼들

WordPress.com, Blogger.com, Tumblr.com 같은 플랫폼에서도 너의 콘텐츠를 공유할 수 있어. 이런 플랫폼에는 저마다 장단점이 있지만, 어쨌든 다들 영상에 접근할 수 있게 해 주는 기능이 좋아. 각각의 플랫폼에는 저마다 다른 디자인 도구가 있어. 그러니 다양한 웹사이트 템플릿을 찾아서 영상의 모양을 바꿀 수 있어.

온라인 세상으로

영상 업로드 방법

업로드 방법은 플랫폼에 따라 조금씩 다를 수 있어. 80쪽을 보면 몇 가지 플랫폼의 특성을 설명해 놓았어. 플랫폼이 시키는 대로 따라서 네 영상을 올려 봐. 명심해야 할 점도 있어. 네 영상 파일 용량이 크다면 완전히 올라갈 때까지 인내심을 가지고 기다려야 해.

나만의 웹사이트

웹사이트를 하나 만드는 것도 좋은 생각이야. 웹사이트가 있으면 사람들을 곧바로 그곳으로 불러와서 너라는 사람에 대해서 알려 주고, 네가 창작한 콘텐츠를 종류별로 보여 줄 수 있으니까. 예를 들어, 네가 어떤 플랫폼에서는 실시간 스트리밍을 하고, 또 다른 플랫폼에서는 주기적으로 편집 영상을 올린다고 쳐. 이럴 때 너만의 웹사이트가 있으면 구독자들에게 두 가지를 한곳에서 모두 보여 주기 때문에, 사람들은 너의 여러 콘텐츠 중 좋아하는 걸 쉽게 찾아볼 수 있어.

SNS 활용하기

또 한 가지 방법으로는 적당한 SNS를 사용하는 거야. 영상을 이제 올리기 시작하는 단계인데 웹사이트를 만드는 게 너무 힘이 든다면, 그 전에 SNS에서 구독자를 모아 볼 수도 있지.

SNS 사용의 기초

다음으로 할 일은 사람들이 네 채널을 찾아오게 만드는 거야. 계획을 세우고 조금만 실험을 해 보면, 네가 만든 영상을 좋아해 줄 사람이 누구인지 찾을 수 있어.

SNS의 힘

소셜 미디어는 너의 삶을 보여 주는 글과 사진, 음성과 영상을 공유할 수 있는 곳이야. 이 플랫폼을 통해서 사람들과 이야기를 나누고, 다른 사람들은 어떻게 사는지 보고, 새로운 친구들을 사귈 수 있지. 세계 각국의 사람들을 실제로 만날 수 있는 아주 특별한 공간이야.

SNS 프로필 설정

프로필을 만들 때는 너의 개인적인 정보를 사용해도 좋지만, 그보다는 영상을 찍을 때와 같은 닉네임을 쓰고, 영상과 관계 있는 내용을 넣는 게 더 좋아. 그러면 시청자들은 네 프로필과 영상을 쉽게 연관 지어 떠올릴 수 있고, 네 SNS 계정을 찾기도 쉽지.

공유할 때는 친절하게

가장 먼저 할 일은 SNS에 매 영상의 링크를 공유하는 거야. 사람들에게 어떤 영상이 나오는지, 또 어떤 점에서 시청자들이 재미있게 볼 수 있는지 맛보기를 줘. 네가 존경하는 다른 유튜버들은 어떤 식으로 영상을 홍보하고 설명해 주는지 한번 둘러봐.

명심해!

SNS에서 대화하게 되는 사람들은 아무리 친한 것 같아도 모르는 사람들이야. 그러니 너의 실명이나 전화번호, 주소 같은 세부 정보를 알려 줘야 할 때는 반드시 어른과 상의한 다음에 하도록 해.

참여가 핵심이야

SNS로 영상 홍보할 때 최악의 행동이 뭔지 알아? 바로 네 영상 이야기만 하고 남 이야기는 안 듣는 거야! 다른 유튜버들과 시청자들은 일상에서 무얼 하는지 관심을 가져야 해. 상대방에 대한 질문으로 대화를 시작하고, 사람들과 토론해 봐. 다른 유튜버가 말하는 내용을 듣고, 다른 채널은 뭐가 있으며, 좋은 생각은 또 무엇인지 서로 공유하는 거야. 시간을 투자해서 다른 사람의 이야기를 듣고 응답한다면 정말 놀라운 방법으로 사람들과 이어질 수 있어. 그리고 네 영상을 또 어떻게 만들지 새로운 아이디어도 얻는 좋은 기회가 될 거야.

어떤 SNS를 사용할까?

이제껏 알아봤듯이, SNS는 동영상을 공유하기에 좋은 방법이야. 문제는 어떤 SNS가 너에게 가장 적합한지 알아보는 거겠지? 가장 인기 있는 SNS들에는 각각 어떤 기능이 있는지 몇 가지 알려 줄게.

이메일은 아직도 쓸 만해!

뉴스레터를 보내는 건 너의 유튜브 영상이 새롭게 업데이트되었다는 걸 알릴 수 있는 좋은 방법이야. 온라인 플랫폼을 이용하면, 네가 보내는 뉴스레터를 받도록 사람들을 가입시킬 수 있어. 그러면 너는 필요할 때마다 디자인을 만든 다음 뉴스레터를 보낼 수 있지. 물론, 법률에 따라서 이런 이메일은 네 소식을 받겠다고 동의한 사람에게만 보내야 한다는 점을 기억해.

트위터

트위터에서는 쉽게 상대방을 팔로우하고, 그 트윗을 받아 보고, 주제를 검색해 보고, 너만의 생각을 게시할 수 있어. 뭔가 할 말이 있으면 그걸 사람들에게 알릴 수 있지. 하지만 대화할 때마다 네 이야기만 하면 안 된다는 걸 명심해!

Q&A – 패션·코미디·일상 유튜버 '팻마'

Q : 어떤 SNS가 추천할 만한가요?

A : 인스타그램이랑 스냅챗, 트위터요. 이 세 가지 SNS가 요새 아주 유행하거든요.

페이스북

페이스북에는 초보자들이 쓸 만한 기능이 많아. 사진, 동영상, 실시간 스트리밍을 이곳 한 군데에서 다 할 수 있지! 공유하고 싶은 건 무엇이든 공유할 수 있고, 사람들도 너에게 쉽게 댓글을 달고 소통할 수 있지. 페이스북 페이지를 만들어서 네 유튜브를 중심으로 커뮤니티를 만들 수도 있어. 페이스북 페이지에 네 영상을 올리면 다른 사람이 자기 친구들에게 영상을 공유할 수 있다는 게 아주 멋진 점이야.

인스타그램

인스타그램이 인기 있는 이유는 사진을 다른 사람들과 간단하게 공유할 수 있기 때문이야. 인스타그램에는 영상도 올릴 수 있고 실시간 스트리밍 기능도 있어서, 짧은 영상 클립이나 영상 하이라이트를 게시하는 방법으로 네 영상을 알릴 수 있어. 너의 최근 영상을 봐야 하는 이유에 대해서 알려 주는 영상을 올려 봐!

> "다양한 SNS를 사용하고 실험해 봐.
> 너의 구독자가 되어 줄 소중한 유저들이
> 어디에 숨어 있을지 모르니까."

Q : 부정적인 댓글에 대해서는 어떻게 대응하세요?

A : 나쁜 댓글을 다는 악플러들은 차단하는 편이에요. 그래야 악플러들의 부정적인 기운에 내가 휩쓸리지 않을 수 있어요.

Q : SNS를 잠시 쉴 때도 있나요?

A : 가끔은 안 해요! 나는 학생이라서 학업에 완벽하게 집중해야 할 때는 종종 SNS를 끊어요.

안녕, 해시태그!

해시태그는 트위터에서 처음 나왔어. 이건 네가 SNS에 올린 게시물을 특정 주제나 단어에 연결시키는 거야. 흔히 쓰는 단어를 설정해도 되고, 네가 고유한 해시태그를 만들어도 돼. 해시태그는 새로운 콘텐츠나 영상을 찾을 때 아주 강력하고 유용한 방법이야.

해시태그 사용법

예를 들어 볼까. 최근 올린 영상이 너희 집 정원에 있는 벌집에서 꿀을 수확한 내용이라고 하자. 그러면 #꿀, #꿀벌, #벌집 같은 해시태그를 써서 영상의 주요 키워드와 내용이 뭔지 알려 줄 수 있어. 영상을 설명하는 글과 네가 사용하는 SNS에도 같은 해시태그를 사용하는 게 영상 검색 가능성을 높여 주는 주요 방법이야. 이제 누가 해시태그 '#꿀'을 검색하면 네 게시물과 영상이 나올 거야.

트렌드에 맞추자

새로운 유행이 생기면 트위터 같은 플랫폼에서 언급되는 인기 소재가 되는 걸 봤을 거야. 트렌드가 되는 주제는 뉴스나 정치, 유명인과 연예 산업 분야와 관련 있는 경우가 많아. 사회 문제나 세계적인 쟁점, 심지어 우리의 일상생활도 트렌드가 될 수 있어.

해시태그는 몇 개 달까?

일부 플랫폼에는 글자 수 제한이 있지만, 일반적으로는 네가 원하는 만큼 해시태그를 사용할 수 있을 거야. 명심해야 할 건, 이것도 너무 많으면 안 좋다는 거야. 해시태그도 글로 보이기 때문이지. 만약 해시태그가 50개나 된다면, 읽기에 벅찰 정도로 많잖아. 기껏 시간을 들여서 많이 달아도, 오히려 안 하느니만 못한 효과를 주지.

해시태그 생각해 내기

해시태그를 어떻게 만들지는 다양한 상황에서 영감을 받을 수 있어. 말을 만들어서 쓴 것도 있고, 특별한 이벤트와 관련된 것도 있고, 휴일이나 명절을 해시태그로 쓴 것도 있고, 그냥 말도 안 되는 헛소리를 써 놓은 것도 있겠지. 다른 유튜버들은 어떤 해시태그를 썼는지 살펴보면서 좋은 아이디어를 떠올려 보자. 아래에 든 예처럼 시작은 단순하게 해도 좋아.

#유튜브
#유튜브인기영상
#인기유튜버
#어린이유튜버
#구독추천
#유튜버되는법
#영상편집
#크리에이터
#브이로그
#브이로거
#일상유튜버
#북튜버
#리뷰
#팔로우
#맞팔

직접 해시태그 만들기

꼭 기존의 인기 있는 해시태그만 사용할 필요는 없어. 네 마음대로 붙여도 좋아. 이상한 말이라도 재미있을 수는 있으니까.

나의 구독자 관리하기

너는 친구들과 시간을 보내면서 서로가 바라는 걸 들어주며 우정을 쌓겠지? 구독자에게도 마찬가지로 해야 해. 구독자들을 잘 관리해야 너와 우정을 나누는 새 친구들이 될 수 있어.

실시간 스트리밍

라이브 방송을 하면 네 친구들, 또 구독자들과 시간을 보낼 수 있어. 웹캠이나 카메라를 켜고 너의 구독자들과 대화를 해 봐. 네가 이야기하는 동안 구독자들은 댓글이나 질문을 올려서 너와 대화할 수 있어.

구독자를 위해 시간 내기

유튜브를 하면서 제일 어려운 게 바로 구독자들을 위한 시간을 내는 거야. 만약 네가 혼자서 영상을 제작하는 유튜버라면 네 채널을 좋아하는 구독자들을 위해 시간을 내는 게 너무 벅찰 수도 있어. 그러니 너의 온라인 세상에 무언가를 새로 올릴 때는 조금씩만 하도록 해. 네 구독자들이 새 게시물을 보고 무언가 도움을 받겠구나 싶을 때만, 그리고 네가 게시물을 올릴 여유가 충분히 있을 때만 인스타그램 같은 SNS를 하란 뜻이야.

정직하게 영상을 올리자

구독자들은 네 생각보다 너를 더 잘 알고 있는 사람들이야. 일단 시간을 투자해서 네 영상을 보는 사람들이니까, 네가 하는 일에 대해 아주 좋은 피드백을 줄 거야. 그러면 그 말을 잘 들어 봐. 구독자들에게 영상에 대해 질문해 봐. 그리고 사이좋게 지내는 거야. 구독자들은 네 영상을 널리 퍼뜨리는 데 도움이 될 수 있거든. 아주 유용한 자원이 될 수 있다는 걸 알아 둬.

공격적인 댓글은 무시하자

너를 의기소침하게 하려는 사람들은 언제나 있을 거야. 널 욕하고 괴롭힐 수도 있어. 하지만 명심해. 그런 사람들은 반드시 무시해야 해! 네 유튜브를 항상 긍정적으로 생각하고, 네가 만드는 영상을 존중하는 구독자들과 이야기를 계속하도록 해.

Q&A - 여행 유튜버 '로언'

Q : 구독자들과 소통은 어떻게 하세요?

A : 나는 내 채널에 달리는 댓글에 전부 대댓글을 달려고 해요. 그리고 최대한 구독자님들의 이름을 기억하죠. 채널에 새로 온 분이 보이면, 가서 그분은 무슨 채널을 하는지 보고 거기에 댓글을 남겨요. 나는 다른 분들을 도와주려고 노력해요. 그리고 다른 채널 분들을 초청해서 콜라보레이션 영상을 찍기도 해요.

Q : 구독자들과 소통하기 위한 실시간 스트리밍을 하나요?

A : 실시간 스트리밍을 해 본 적은 있는데, 그게 연습이 많이 필요하더라고요. 늘 때까지 해 보는 중이에요! 실시간 스트리밍을 하면 구독자들은 좋아하죠.

Q : 구독자들과 소통하는 데 얼마나 많은 시간을 쓰나요?

A : 소통은 하루 30분 정도 해요.

일정 관리의 중요성

일정
첫 달

6	7
13	14
20	21
27	28

10년 전에는 텔레비전 프로그램이 정해진 방영 시간에만 나왔어. 그래서 시청자들은 다음 회를 기다리곤 했지. 하지만 요즘은 스트리밍이 있어서 텔레비전 프로그램과 영화, 심지어 유튜브 영상까지 손 하나만 까딱하면 볼 수 있어. 게다가 언제나 새로운 콘텐츠가 나오는 세상이지.

실제로 시간이 얼마나 걸릴까?

텔레비전 프로그램처럼 아이디어 기획, 촬영, 편집까지 하는 건 시간이 오래 걸려. 그러니 너도 영상 하나를 완성해서 올리기까지 얼마나 시간이 걸릴지 생각해 봐야 해. 달력을 보면서 기획, 촬영, 편집, 업로드 일정을 계획해 봐. 그리고 아이디어를 생각할 시간도 많이 필요해. 아이디어를 많이 떠올려 두지 않으면 정해진 일정에 맞추어 영상을 일관성 있게 만들기 힘들 수 있어.

일정 짜기 예시

유튜브 영상을 하나 만들어 올리기까지 일주일이 걸린다면, 일주일에 한 번 이상 업로드할 수는 없어. 영상을 촬영하고 포스팅하는 것 모두 일정한 계획을 짜 놓고 지키도록 해 봐. 물론 상황에 맞추어 일정이 변할 수도 있다는 점을 명심하고.

달력에 넣을 기호

- 🟩 아이디어 기획
- 🟥 영상 업로드
- 🟦 촬영
- ⬛ 쉬는 날
- 🟧 편집
- 🟦 SNS 올리기

86

너의 '현생'을 잊지 마!

너는 유튜브 밖의 인생도 살고 있는 사람이야! 그러니 매일매일 유튜브 작업만 해서는 안 돼. 일주일에 한 번씩 영상을 올리려고 하다가 지쳐서 아무것도 못 하게 되는 것보다는 한 달에 하나 정말 좋은 영상을 올리고 스트레스 없이 행복하게 지내는 게 훨씬 나아.

구독자 배려하기

구독자들도 저마다 삶이 있어. 그래서 네가 동영상을 올리는 즉시 그걸 봐 주진 않아. 그러니 새로운 영상 콘텐츠가 올라오는 날짜를 정해 놓거나, 아니면 올리기 하루 이틀 전에 맛보기 티저를 올려서 기대감을 자극하고 새로운 콘텐츠를 기다리게 해 봐.

미리 작업해 두기

1년 동안 최대한 많은 영상을 찍기 위한 한 가지 요령이 있어. 바로 여러 영상을 한 번에 촬영하는 거야. 예를 들어, 일주일 내내 영상을 촬영하고 편집한 다음, 업로드 시간을 차례차례 예약하는 거지. 심지어 7월에 미리 크리스마스 영상을 촬영한 다음 12월에 올리는 것도 가능해! 이렇게 하면 영상 일정을 큰 틀에서 생각할 수 있어서 좋아. 몇 가지 주요 영상을 찍고, 그 사이의 공백을 메울 영상을 촬영하는 게 가능하니까.

구독자 수 늘리기

이 단계까지 왔다면 지금껏 많은 노력을 기울였을 거야. 그런데 네 유튜브를 보는 사람이 많이 없거나, 생각했던 것만큼 구독자 수가 늘지 않아서 좌절했을지도 모르겠어. 네 유튜브를 시청해 줄 만한 구독자들이 네 채널을 찾을 수 있게 만들어 보자. 상황을 개선할 방법을 몇 가지 알려 줄게.

메타데이터

메타데이터는 채널을 성공시키는 데 아주 중요해. 네가 직접 작성하는 제목, 영상 설명, 태그, 카테고리, 이미지 태그 같은 것이 모두 메타데이터라 할 수 있지. 메타데이터를 잘 쓰면 검색 엔진에도 잘 잡히고, 구독자들도 네 콘텐츠를 쉽게 찾을 수 있어.

제목 줄 짓기

영상 제목을 지을 때는 내용을 설명해 주면서도 명확하고 간결하게 만들어야 해. 영상 목록이나 SNS 목록을 쭉 내리면서 볼 때 사용자들이 잠시 멈추고 네 제목이 뭔지 살펴볼 수 있게끔 만들어야 해. 네가 사용하는 키워드가 뭔지 잘 살펴봐. 예를 들어서, 네가 키우는 반려 고양이가 털실을 갖고 노는 모습을 담은 귀여운 영상이라면 '털실 갖고 노는 귀여운 아깽이' 같은 제목을 붙일 수 있지. 제목만 보고도 내용이 뭐가 나올지 시청자들에게 한눈에 알려 주는 게 좋아.

설명이 중요해

어떤 영상이든지 내용을 더욱 자세하게 알려 주는 멋진 설명이 있어야 해. 여기서 진짜 중요한 게 바로 키워드야. 알맞은 키워드를 가득 써서 설명하면 네 영상이 노출될 확률이 더 높아져. 하지만 주의할 점이 있어. 키워드를 쓸 때는 자연스러운 말로 평범한 문장을 써야 해. 그렇지 않으면 검색 엔진에서 네가 검색 시스템을 속이려고 한다는 걸 알아차릴 거야.

너의 스타일은 다르잖아

사람들 중에는 유튜브가 쉽다고 생각하는 사람도 있어! 그런 사람들은 '그냥 입소문 나는 영상'을 찍으면 성공한다고들 이야기하지. 하지만 사실을 말하자면, 입소문이 나는 영상(바이럴 영상) 찍는 건 정말 어려워. 어떤 게 뜰지 모르고, 어떤 영상이 인터넷에서 돌풍을 일으킬지 아는 사람은 없거든. 그러니 제일 좋은 건 너만의 방식대로 영상을 만드는 거야. 너 자신의 모습에 충실하면 너의 채널이 독특해질 수 있어. 세상에 너 같은 사람은 너 하나뿐이니까!

태그와 카테고리

태그와 카테고리는 콘텐츠를 정리하기에 좋아. 특히 수십 개의 영상을 업로드하고 공유할 때 아주 유용하지. 태그는 네가 찍은 영상을 한데 묶어 주는 간단한 단어들로, 해시태그와 좀 비슷해. 네 영상에 전부 비슷한 태그를 달아도 되고, 아니면 머릿속에 확 떠오르는 말을 달아도 좋아! 카테고리는 태그와 비슷하지만, 태그만큼 많지는 않은 편이고 고정적으로 사용하는 목록이야. 예를 들면 '우리 집', '나의 반려동물', '좋아하는 책' 같은 것이지. 카테고리마다 그 안에 수많은 태그와 재생목록을 넣을 수 있어.

다른 유튜버들과 함께

네가 어떤 종류의 영상을 찍든지, 너랑 비슷한 이야기를 담은 영상을 만드는 유튜버들은 항상 있을 거야. 그렇다면 그런 유튜버들에게 이메일을 보내서 함께 영상을 찍는 프로젝트를 하면 어떻겠냐고 물어보는 건 어떨까? 많은 유튜버가 이렇게 공동 작업(콜라보레이션)을 하지. 줄여서 '콜라보'라고 하는 거 말이야. 영상을 한두 개 같이 만든 다음 편집 영상을 각자의 채널에 올리는 거야. 그러면 너는 네 구독자에게 영상을 보여 주는 거고, 상대방은 그쪽 구독자에게 영상을 보여 주는 거지. 이건 네 스타일이나 영상을 좋아할 만한 새로운 구독자들을 찾기에 좋은 방법이야.

재생목록으로 영상 정리하기

유튜브는 물론 일부 영상 플랫폼에는 재생목록을 만들 수 있는 기능이 있어. 그러면 시청자가 너의 영상을 보기 편리하지. 재생목록은 공통점이 있는 영상들의 목록이야. 재생목록은 키워드를 기반으로 만들 수도 있고, 특정 주제에 대한 이야기로 엮을 수도 있어. 예를 들어, 네가 여행을 해서 찍은 영상이라면 '여행 모음'이라는 재생목록을 만들 수 있는 거지. 영상을 정리해 놓으면 네가 중요하다고 생각하는 영상에 시청자들을 곧바로 연결할 수도 있고, 시청자들이 네가 만든 콘텐츠를 종류별로 살펴보게 할 수 있어.

스케이트보드 묘기 재생목록

대박 묘기들

놀라운 프로 스케이트보더들의 묘기

스케이트보드 묘기 베스트

섬네일

섬네일은 구독자들이 재생 버튼을 클릭하기에 앞서 네 유튜브 내용이 무엇인지 알 수 있도록 소개하는 사진이야. 그러니까 각 영상을 위해 영화 포스터를 만드는데, 그 크기가 네 엄지손톱만 한 거지. 섬네일을 만들 때는 강렬한 이미지를 골라서 화려하고 매력적으로 만들어야 해. 섬네일을 잘 이용하면 어떤 영상이 있나 스크롤하는 사람들의 눈길을 사로잡을 수 있어. 이 이미지에는 짧은 설명을 쓰거나 태그 단어를 붙여서 무슨 내용인지 '보이게' 해야 해.

분석

네 영상 채널이 쭉 잘되려면 너의 구독자들에 대해 잘 알아야 해. 영상 공유 플랫폼에는 분석 기능이 있는데, 온갖 세부 정보를 다 추적해서 알려 주지. 구독자가 어디에서 네 영상으로 유입되는지, 무슨 장치로 영상을 보는지, 영상마다 몇 분을 시청하는지, 어느 날 어느 때에 영상을 보는지 모두 알 수 있어. 하지만 제공되는 데이터에 너무 얽매일 필요는 없어. 그보다는 스스로 질문을 해 봐. '구독자들이 몇 시에 영상을 보고 나에게 반응을 보일까?' 하고 말이야. 그런 다음 분석 기능을 사용해서 그 답을 찾아봐.

베스트 하프파이프 스케이트보드

최고 높이 알리

놀라운 플립

최고의 레일 묘기 10

이런 게 가능해? 보드 묘기 #3

프리스타일 스케이트보드

준비 끝!

이 책을 다 읽었으니까, 준비는 되었겠지? 첫 번째 유튜브 영상을 촬영해 봐. 이미 영상을 만들었다면 더 좋은 채널이 되도록 변화를 일으켜 봐. 마지막으로 네가 영상을 정말 좋아하고, 일상을 공유하고, 멋진 유튜버가 되는 데 도움이 될 만한 조언 몇 가지와 요령을 알려 줄게.

솔직함과 진정성

인기가 많은 유튜버들은 최대한 진정성 있는 모습을 보여 주려 해. 성공한 유튜버들은 시청자를 즐겁게 해 주고 새로운 생각을 불어넣어 줘야 한다는 걸 알아. 그리고 저마다 자신의 색깔을 잃지 않을 때 성공했다는 것도 알고 있어. 만약 네가 기분이 좋거나 슬프다면 그걸 시청자들에게 솔직하게 보여 줘도 괜찮아. 자신을 있는 그대로 인정하는 모습이 중요해. 그게 바로 너만의 독특한 목소리가 되어 시청자들을 네 영상으로 끌어올 거야.

마지막으로

휴식도 중요해

유튜버가 되면 언제 쉬어야 할지 알아야 해. 스스로 쉬는 시간을 만드는 게 아주 중요하지. 계속해서 네 모습을 더 많이 공유하고픈 마음이 크겠지만, 그래도 네가 유튜브에서 공개하는 모습은 어디까지인지, 그리고 너 자신과 가족을 위해서 비공개해야 하는 부분은 어디까지인지 정해 놓는 일이야말로 유튜버가 되는 데 아주 중요한 부분이야. 명심해. 너는 유튜브 안과 너의 실제 삶 가운데에서 균형을 찾아야 해.

열린 마음으로 배우기

무슨 내용을 다루든, 촬영하면서 계속 열린 마음을 가져야 해. 기술은 항상 변하기 때문에 언제나 무언가 새로 배워야 할 게 늘어나기 마련이야. 새로운 카메라 앵글이나, 새로운 오디오 기술이나, 편집 과정을 단축시켜 줄 새로운 방법이 나올 수 있거든. 이것들을 잘 배우면 네 영상을 더욱 훌륭하게 만들 수 있어.

유용한 링크

신나는 유튜브 영상 제작에 도움이 될 믿을 만한 도구와 자원이 필요하겠지? 아래 목록에는 올바른 방향을 제시해 주고, 네 유튜버 경력을 쌓게 해 줄 플랫폼의 링크들이 있어.

영상 플랫폼

유튜브는 현재 영상을 올릴 수 있는 서비스 플랫폼 중에서 제일 인기가 많아.
www.youtube.com

비메오라는 플랫폼 역시 영상 제작자들이 콘텐츠를 올리는 인기 플랫폼이야. (그런데 수수료를 내야 할 수도 있어.)
www.vimeo.com

틱톡은 15초짜리 동영상을 공유할 수 있는 플랫폼이야. (영상을 이어서 연결하면 최대 60초까지도 가능해.)
www.tiktok.com

페이스북은 미리 촬영한 영상을 타임라인이나 페이스북 페이지에 공유할 수 있는 곳이야.
www.facebook.com

인스타그램은 60초짜리 짧은 동영상을 빠르게 공유할 수 있게 해 놨어.
www.instagram.com

실시간 스트리밍

유튜브 라이브는 유튜브에서 실시간 스트리밍 비디오를 볼 수 있는 곳이야.
www.youtube.com/live

트위치 티비는 게이머와 브이로거들을 대상으로 한 동영상 스트리밍 서비스야.
www.twitch.tv

페리스코프에서 스트리밍 비디오를 인터넷에 올리면, 24시간 후에 삭제된다는 특징이 있어.
www.periscope.tv

페이스북 라이브에서는 모바일 앱을 통해서 실시간 스트리밍을 할 수 있어. 일단 스트리밍을 촬영하면, 영상이 네 페이스북 타임라인이나 페이스북 페이지에 올라가서 공유될 수 있어.
www.facebook.com/live

인스타그램 라이브에서는 앱을 통해 라이브 영상을 스트리밍할 수 있어. 하지만 촬영을 멈추면 인스타그램 스토리를 이용해서 공유하지 않는 한, 영상은 사라져 버려.
www.instagram.com

블로그 플랫폼

워드프레스는 간단한 블로그를 만들고 영상 콘텐츠를 공유할 수 있는 빠른 방법이야. 이곳은 파일 업로드할 때 용량 제한이 있어. 나중에 일정 용량이 넘으면 돈을 내야 할 거야.
www.wordpress.com

텀블러는 영상을 공유할 수 있는 간단한 플랫폼이야. 그런데 텀블러에서는 업로드할 수 있는 파일 크기가 제한되어 있고, 하루에 올릴 수 있는 영상 길이가 5분까지만 허용돼.
www.tumblr.com

블로거는 구글에서 운영하는 인기 있는 블로그 플랫폼이야. 이 플랫폼은 무료고, 유튜브와 구글 드라이브와 같은 다른 구글 서비스에 대부분 연결되어 있어.
www.blogger.com

무료로 쓸 수 있는 영상 편집 프로그램

애플 아이무비(Apple iMovie)는 애플 컴퓨터를 사면 대부분 같이 들어 있고, 좋은 기능이 많아.
www.apple.com/imovie

마이크로소프트 비디오 앤 포토 에디터(Microsoft Video and Photo Editor)는 간단한 기능이 들어 있는 영상 편집기로, 인기가 좋아.
www.support.microsoft.com/en-us/help/4051785/windows-10-create-or-edit- video

오픈샷 비디오 에디터(OpenShot Video Editor)는 다양한 기능을 갖춘 영상 편집기야. 초보자들이 쓰기에 아주 좋아.
www.openshot.org

블렌더(Blender)는 무료로 사용 가능한 영상 편집기이자 3D 생성 소프트웨어야. 좀 더 고급 기능이 들어 있어.
www.blender.org

무료로 쓸 수 있는 오디오 편집 프로그램

오다시티(Audacity)는 멀티 트랙 오디오 편집기 및 녹음 프로그램이야. 무료이고 사용하기도 쉬워.
www.audacityteam.org

아두르(Ardour)는 훨씬 더 고급 기능이 있는 오디오 편집 프로그램이야.
www.ardour.org

사진 및 이미지 편집 프로그램

김프(The Gimp)는 흔히 쓰는 포토샵과 아주 비슷한 이미지 편집 소프트웨어야.
www.gimp.org

페인트닷넷(Paint.NET)은 윈도우 사용자들을 위한 무료 사진 편집기야.
www.getpaint.net

잉크스케이프(Inkscape)는 벡터 그래픽 편집기야. 일러스트를 그릴 때 좋아.
www.inkscape.org

무료(퍼블릭 도메인)
사진, 영상, 음향 사이트

딕사베이(Pixabay)는 무료 사진들과 영상 클립들을 많이 모아 놓은 곳이야.
www.pixabay.com

아카이브(Archive.org)는 보관 화면(stock footage) 라이브러리인데, 이 말은 역사상 지금까지 촬영된 영상들을 모아 제공하는 곳이란 뜻이야.
www.archive.org/details/stock_footage

비메오 퍼블릭 도메인 클립(Vimeo Public Domain Clip)은 유튜브 영상에 사용할 만한 영상 클립을 모아 놓은 곳이야.
www.vimeo.com/channels/publicdomain

폰드파이브 퍼블릭 도메인 프로젝트(Pond5 Public Domain Project)는 무료 사진들을 모아 놓은 곳이야. 여기서 섬네일에 쓸 사진을 찾으면 좋아.
www.pond5.com/free

사운드바이블(Soundbible)은 영상에 음향 효과를 추가하고 싶을 때 쓸 수 있어. 저작권이 없는 사운드들이거든.
www.soundbible.org

캔바(Canva)는 브라우저 기반의 그래픽 디자인 도구야. 영상에 넣을 그래픽을 빨리 만들기에 좋아. 알기 쉬운 사용법도 볼 수 있어.
www.canva.com

유튜버들을 만나 보자!

이 책에서 Q&A에 답한 세계의 젊은 유튜버들 이야기를 듣고 느낀 점이 있었니? 그들을 좀 더 알아보고 싶다거나, 어떻게 유튜브 영상을 만들지 아이디어를 얻고 싶다면, 그 아이들의 채널과 SNS에 한번 들어가 봐!

알렉산드라

어른이 되고 싶지 않은 어린이 알렉산드라가 살아가는 매일의 일상을 기록했어! 알렉산드라의 영상과 노래 커버, 앨범 리뷰, 창의적인 프로젝트, 바보 같은 장난과 일상의 사색을 만나 봐.

- 유튜브   TheVloggingNook
- 텀블러   www.thevloggingnook.tumblr.com

팻마

팻마는 변화를 추구하는 패션과 코미디, 라이프스타일 유튜버야. 묻고 답하기 코너와 다양한 도전들, 영상 찍기 노하우 등을 알고 싶다면 팻마의 채널을 방문해 봐.

- 유튜브   ItsFatma
- 인스타그램   itsffatma
- 트위터   @itsffatma

로언

로언의 채널에서는 여행과 모험 영상을 볼 수 있어. 카메라와 영상 촬영 장비에 대한 영상도 있지.

- 유튜브   Rowan Elsmore
- 인스타그램   rowanelsmore
- 트위터   @Rowan_Elsmore

스카이

스카이는 아이디어와 즐거움을 주는 영상을 만드는 유튜버야. 시청자들이 영상에 나타나는 스카이의 생각을 통해서 저마다 원하는 삶을 찾아 이루기를 바라지. 스카이의 채널과 SNS에 가면 모임을 만드는 법에서부터 옷 입기와 일상의 이야기까지 온갖 주제의 영상을 다 볼 수 있어.

- 유튜브   skyekimi
- 인스타그램   skyehas.nolimit
- 웹사이트   www.skyekimi.com

용어 사전

구독자
채널에 가입해서 새로운 영상이 올라올 때마다 알림을 받는 사람들.

닉네임
인터넷상에서 자신을 드러내기 위해 사용하는 가짜 이름.

댓글
인터넷에 올라온 게시물에 대해 공개적으로 답하는 메시지.

메타데이터
콘텐츠에 대한 자세한 정보를 제공하는 데이터. 콘텐츠의 위치와 내용, 작성자에 관한 정보, 이용 조건 등이 기록되어 있다.

브이로그
'비디오'와 '블로그'를 합친 말로, 자신의 일상을 촬영한 영상 콘텐츠.

숏
카메라가 녹화를 시작하는 순간부터 카메라가 멈추는 순간까지를 가리킨다.

섬네일
영상의 내용이 한눈에 보이도록 시각적으로 나타낸 사진이나 영상 클립.

소셜 미디어
사람들이 서로 의견, 생각, 경험, 관점 들을 공유하기 위해 사용하는 온라인 플랫폼.

실시간 스트리밍
실시간으로 방송되는 영상.

업로드
개인의 컴퓨터에서 온라인 시스템으로 미디어 파일을 올리는 것.

영상 클립
녹화된 긴 영상을 짧은 단위로 나눈 영상 조각.

오픈 소스
누구나 무료로 이용하고 자유롭게 수정할 수 있는 프로그램.

저작권
음악, 글, 사진, 영상 등의 창작물을 만든 사람에게 주어지는 권리. 저작권이 있어야 판매, 출판, 공유를 할 수 있다.

채널
업로드되는 영상물이 올라오는 중심 장소.

커뮤니티
공통점을 바탕으로 친근감을 가진 집단. 유튜버를 지지하는 시청자들도 커뮤니티를 만든다.

타임라인
편집 프로그램에서 영상 클립과 오디오 클립을 순서대로 배치하는 작업 공간.

퍼블릭 도메인
저작권의 보호를 받지 않아서 허가 없이도 사용할 수 있는 창작물. 저작권이 만료되었거나 다른 사람이 자유롭게 사용할 수 있도록 창작자가 무료로 배포한 것이다.

플랫폼
온라인에서 사람들이 상호 작용할 수 있도록 거점 역할을 제공하는 서비스. 이 책에선 유튜버를 비롯한 영상 제작자가 영상을 공유하기 위해 사용하는 서비스를 말한다.

해시태그
온라인 게시물에 다는 일종의 꼬리표로, 특정 단어나 문구 앞에 해시(#)를 붙여 연관된 정보나 콘텐츠를 함께 묶을 때 쓴다.

내가 하고 싶은 일, 유튜버

1판 1쇄 발행일 2020년 4월 13일
1판 3쇄 발행일 2022년 6월 27일

지은이 셰인 벌리
그린이 오드리 말로
옮긴이 심연희

발행인 김학원
발행처 휴먼어린이
출판등록 제313-2006-000161호(2006년 7월 31일)
주소 (03991) 서울시 마포구 동교로23길 76(연남동)
전화 02-335-4422 **팩스** 02-334-3427
저자·독자 서비스 humanist@humanistbooks.com
홈페이지 www.humanistbooks.com
유튜브 youtube.com/user/humanistma **포스트** post.naver.com/hmcv
페이스북 facebook.com/hmcv2001 **인스타그램** @human_kids

편집 정은미 이주은 **디자인** 유주현
용지 화인페이퍼 **인쇄** 삼조인쇄 **제본** 광현

ISBN 978-89-6591-392-4 73680

- 이 책은 저작권법에 따라 보호받는 저작물이므로 무단 전재와 무단 복제를 금합니다.
- 이 책의 전부 또는 일부를 이용하려면 반드시 저작권자와 휴먼어린이 출판사의 동의를 받아야 합니다.
- **사용 연령 8세 이상** 종이에 베이거나 굽히지 않도록 조심하세요. 책 모서리가 날카로우니 던지거나 떨어뜨리지 마세요.